UNSERE
BESTEN
REZEPTE

SALATE

Stiftung
Warentest

2

MIT FLEISCH UND FISCH

1

NUDELN, REIS, KARTOFFELN & CO

3

MIT TOFU

4

DIE ETWAS ANDEREN SALATE

5

SALATE AUS ALLER WELT

6

SALAT-KLASSIKER

Knackig und frisch

Schnell im Blick: *Zubereitungs-zeit und Kalorienzahl helfen bei der Auswahl des richtigen Rezepts. Die Zubereitungszeit ist aufgeteilt in die Zeit, in der Sie beschäftigt sind, plus die Zeit, die manche Gerichte für sich selbst benötigen – zum Gehen, Backen, Braten, Gefrieren, Kühlen, Ko-chen, Marinieren usw. –, die für Sie aber Freizeit ist.*

Mengenangaben	Nährwertangaben
TL: Teelöffel	**E:** Eiweiß
EL: Esslöffel	**Kh:** Kohlenhydrate
Bd.: Bund	**F:** Fett
Pckg.: Packung	**kcal:** Kilokalorien
Msp.: Messerspitze	

Avocado-Palmherzen-Salat mit Flusskrebsen, Zucchinisalat mit Knob-lauch-Minzejoghurt, Feldsalat mit Möhren... Ein Salat muss nicht immer aus den gleichen Zutaten bestehen. Experimentieren Sie und probieren Sie neue Kombinationen aus der ganzen Bandbreite der Gemüse- und Obstsorten!

Unsere Salate bestehen aus vielen bunten Zutaten. Klassischerweise spielen Blattsalate dabei oft eine tragende Rolle. Es gibt zahlreiche Arten, die sich auch geschmacklich unterscheiden und Abwechslung in den Salat bringen. Blattsalate bestehen zum größten Teil aus Wasser, sind daher besonders kalorienarm und enthalten viele Mineralstoffe und Vitamine. Wir stellen Ihnen einige vor:

Kopfsalat enthält Kalium sowie Vitamin C, vor allem in den dunkel gefärbten Außenblättern. Da er wenige Bitterstoffe enthält, schmeckt er besonders mild.

Römersalat wird auch Romanasalat genannt. Er schmeckt leicht herb und enthält Vitamin A und C sowie Eisen.

Rucola enthält viele Senföle und Bitterstoffe, die eine die Abwehr-kräfte stärkende Wirkung haben sollen, sowie viel Vitamin C, Mineral-stoffe und appetitanregende organische Säuren.

Feldsalat mit dem nussigen Geschmack hat einen recht hohen Gehalt an Kalium und Eisen. Er hat von allen Salatarten den höchsten Vitamin-C-Gehalt.

Lollo Rosso enthält Betacarotin und Vitamin C, Eisen und Kalium. Die sekundären Pflanzenstoffe, die die Blätter rot färben, sollen gut für die Immunabwehr sein.

Radicchio schmeckt sehr bitter. Er enthält Kalium, Kalzium, Phosphor und Eisen sowie B-Vitamine und Vitamin C. Durch sekundäre Pflanzen-stoffe ist er rot gefärbt.

Am längsten frisch bleiben Blattsalate und auch andere Gemüsesorten im Kühlschrank. Den Salat waschen, trocken schleudern und in eine saubere Plastiktüte füllen, die Sie mit einem Clip luftdicht verschlie-ßen. So bleibt Salat eine Woche und länger frisch.

Dressings, die immer passen

Wenn Sie Dressings gleich in größeren Mengen zubereiten, sparen Sie Zeit. Die Säure von Essig und Zitrone konserviert die Salatsaucen. Gekühlt in Gläsern oder Flaschen mit Deckel halten sie sich mehrere Tage. Sollte sich Öl absetzen, schütteln Sie das Glas kräftig. So verbinden sich Öl und Wasser wieder zu einer Emulsion.

Einfache Vinaigrette

Für 250 ml: 2 EL Dijonsenf, 4 EL Essig, 1 EL kaltes Wasser und 10–12 EL Öl zusammenmischen. Danach kommen 1 Msp. Natron, Salz und Pfeffer dazu. Das geht mit dem Mixstab – oder gleich in einer Flasche, in der Sie das Ganze einfach gründlich schütteln und dann auch aufbewahren. Diese Vinaigrette passt praktisch immer, je nach Salatsorte auch mit weniger Senf oder Essig.

Kernöldressing

Für 20 Portionen: 4 EL Apfelessig, je 2 TL Honig und Salz sowie je 2 EL Hefeflocken und Dijonsenf mit 2 EL Wasser vermischen. Zum Schluss portionsweise 280 ml Kürbiskernöl hinzufügen und alles zu einer Emulsion verrühren.

Rapsöldressing

Für 20 Portionen: 4 EL Essig, 2 EL Wasser, je 2 TL Salz und Dijonsenf sowie 2 EL Hefeflocken mit einem Schneebesen oder Mixstab mischen. In mehreren Portionen 300 ml Rapsöl einrühren, sodass eine milchige Emulsion entsteht, in der die Zutaten gebunden sind.

Tofudressing

Für 20 Portionen: Je 100 ml Wasser und Zitronensaft, je 2 EL Dijonsenf und Hefeflocken, 2 TL Salz und 1 EL Ahornsirup mit einem Schneebesen oder Mixstab verrühren. Dann 250 g Seidentofu nach und nach einarbeiten, zum Schluss 200 ml Raps- oder Leinöl.

1

NUDELN, REIS, KARTOFFELN & CO.

⊠ 20 Min. + 20 Min.
⊠ 340 kcal pro Portion

Kartoffelsalat mit Kürbis-Quark-Dressing

1. Kartoffeln mit Schale kochen, kurz abkühlen lassen und pellen, solange die Kartoffeln warm sind. Salatgurke schälen, der Länge nach halbieren, entkernen, in Scheiben und dann in dünne Streifen schneiden.

2. Für das Dressing in einer großen Schüssel Quark mit Joghurt glatt rühren. 4 EL Essig sowie 2 Messerspitzen Kurkuma und 8 EL Öl dazugeben, salzen und gut durchmischen. Gurkenstreifen dazugeben.

3. Die Kartoffeln noch warm in Scheiben schneiden, das Dressing darübergeben und alles vorsichtig mischen. Den Salat mindestens eine halbe Stunde ziehen lassen, dann erneut abschmecken.

Pro Portion: 9 g E, 5 g Kh, 31 g F

Tipps: *Das Dressing sollte bereits fertig sein, wenn die Kartoffeln noch warm geschält werden. So ziehen sie am besten durch.*

Am besten passt ein neutral schmeckendes, helles Öl. Gehackte Kapern geben eine zusätzliche Geschmacksnuance.

Dazu passen: *Gebratene Tofuwürstchen oder Shiitakepilze.*

Für 4 Portionen:
700 g Kartoffeln (vorwiegend festkochend)
1 Salatgurke
250 g Quark
4 EL Joghurt
etwas Kurkuma
außerdem: Weißwein- oder Balsamessig, Salz, Rapsöl

30 Minuten
310 kcal pro Portion

Für 8 Portionen:

Pesto

100 g ganze Mandeln, möglichst ungeschält

200 g getrocknete Tomaten in Öl

1 großer Bd. Basilikum

100 g Parmesan (oder Pecorino)

2–3 EL Rapsöl

Salat

400 g kurze Nudeln, z. B. Spirelli

15 Mini-Romatomaten

1 Salatherz

70 g Rucola

1 TL Zitronensaft

125 g Mozzarella (optional)

Salz, Pfeffer

Pastasalat in Rot

1. Für das Pesto die Mandeln in einer Pfanne ohne Fett rösten, bis sie duften. Mit den getrockneten Tomaten samt Öl, Parmesan, gewaschenen Basilikumblättchen und dem Rapsöl mit dem Mixstab zu einem Pesto pürieren.

2. Die Nudeln in 4 l Wasser mit 1 EL Salz bissfest kochen, unter fließend kaltem Wasser komplett abkühlen. Die Tomaten waschen und vierteln. Den Romanasalat in dünne Streifen schneiden, vom Rucola die langen Stiele entfernen. Beide Salate waschen und trockenschleudern

3. Pesto nach gewünschter Geschmacksintensität unter die Nudeln rühren. Dann Tomaten und Salat unterheben, mit Zitronensaft und Salz abschmecken. Nach Wunsch abgetropften Mozzarella in mundgerechten Stücke unterheben.

Pro Portion: 10 g E, 41 g Kh, 12 g F

Vollkornreissalat mit Lollo Rosso

1. Den Reis in einem Topf erhitzen, mit 400 ml Wasser angießen und salzen, Nelke zugeben und bei kleiner Hitze 35 Minuten ausquellen lassen, Nelke vor der Weiterverarbeitung entfernen.

2. Lauch von Wurzel und Welkem befreien. Der Länge nach bis zur Mitte aufschneiden, gründlich waschen und in feine Ringe schneiden. Nach 25 Minuten Garzeit die Lauchringe unter den Reis ziehen und mitgaren. In einer Schüssel auskühlen lassen.

3. Salatblätter waschen, putzen und die Hälfte fein zupfen. Zwetschgen waschen, halbieren, entkernen und in schmale Spalten schneiden.

4. Forellenfilets grob zerzupfen. Orange waschen, Schale abreiben, Saft auspressen, beides mit Wasabi, Öl, Salz und Pfeffer zum Dressing rühren. Mit Reis, Pflaumenstückchen und Zupfsalat vermischen.

5. Salatschüssel mit den ganzen Blättern auslegen, Reismix darüber verteilen, Forellenstückchen dazwischenlegen.

Pro Portion: 12 g E, 34 g Kh, 12 g F

Variante: Anstatt Zwetschgen können Sie auch 1 kleine Ananas in den Salat geben. Wer mag, kann den Vollkornreis durch eine Reismischung oder Wildreis austauschen. Oder geben Sie die Forelle einfach in Stücken über den Salat und machen Sie mit den anderen Zutaten ein Senfdressing.

Für 4 Portionen:
150 g Vollkornreis
Salz
1 Nelke
1 kleine Stange Lauch
1 kleiner Lollo rosso
200 g Zwetschgen
125 g Räucherforellenfilets
1 unbeh. Orange
1 EL Wasabi
4 EL Walnussöl
schwarzer Pfeffer aus der Mühle

Eblysalat mit grünen Bohnen

Für 4 Portionen:

100 g Zartweizen (Ebly)

Salz

1 Lorbeerblatt

500 g grüne Bohnen

einige Stiele Bohnenkraut

2 Zwiebeln

2 EL Rapsöl

Pfeffer

1 kleiner Radicchio (100 g)

50 g Bündner Fleisch

3 EL Olivenöl

3 EL heller Balsamico

Prise Zucker

1. Weizen trocken in einem Topf erhitzen, mit 200 ml Wasser angießen, Salz und Lorbeer zugeben und bei kleiner Hitze zugedeckt etwa 15 Minuten ausquellen lassen, dann in einer Schüssel abkühlen lassen.

2. Bohnen und Bohnenkraut waschen, Enden abknipsen. Zwiebeln schälen und fein würfeln. Alles in 1–2 EL Öl in einer Pfanne andünsten, mit Pfeffer und Salz würzen und zugedeckt bei kleiner Hitze in 20 Minuten schmoren, wenn nötig etwas Wasser zugeben.

3. Radicchio waschen, putzen, halbieren und in schmale Streifen schneiden. Das Bündner Fleisch ebenfalls in schmale Streifen schneiden.

4. Weizen und Bohnengemüse in einer Schüssel mit Olivenöl und Balsamico mischen, mit Salz, Pfeffer und einer Prise Zucker abschmecken. Dann Radicchio und Bündner Fleisch unterheben.

Pro Portion: 12 g E, 27 g Kh, 14 g F

Variante: *Sie können statt des Radicchio auch einen anderen Blattsalat verwenden.*

☒ 15 Min. + 15 Min.
☐ 277 kcal pro Portion

Bunter Linsensalat

1. Die Edellinsen in der doppelten Menge Wasser etwa 15 Minuten knackig garen, Wasser abgießen und aufheben. Rote Linsen nur etwa 5 Minuten in der doppelten Menge Wasser kochen, dann ebenfalls abgießen, Sud aufheben.

2. Rucola oder Radicchio waschen und hacken bzw. in dünne Streifen schneiden. Die Zwiebel schälen, halbieren und in feine Würfel schneiden.

3. Aus Essig, Salz, Pfeffer, Senf und einigen Löffeln Linsensud ein Dressing rühren, das Öl unterschlagen. Schinkenwürfel ohne Fett in einer beschichteten Pfanne bei mittlerer Hitze auslassen. Die Zwiebelwürfel hinzufügen und glasig dünsten, dann leicht bräunen lassen.

4. Speck-Zwiebeln mit den abgekühlten Linsen und dem Rucola bzw. Radicchio vermengen. Zum Schluss die Essig-Öl-Marinade dazugeben und alles sorgfältig vermischen.

Variante: *Wer mag, fügt zwei gewürfelte Tomaten zum Salat hinzu oder nimmt statt Rucola Portulak, Basilikum oder Feldsalat. Weißweinessig kann man gegen Granatapfelsaft tauschen.*

Für 4 Portionen:

100 g Edellinsen (Puey, vert, Champagner, Beluga)
100 g rote Linsen
100 g Rucola oder Radicchio
1 Schalotte
2 EL Weißweinessig
Salz, Pfeffer
1 EL Körnersenf
4 EL Olivenöl
50 g magere Schinkenwürfel (geräuchert)

Pro Portion: 16 g E, 26 g Kh, 12 g F

Makkaronisalat – ganz klassisch

1. Die Nudeln in 4 l Wasser mit 1 EL Salz bissfest kochen, 2 Minuten vor Ende der Kochzeit die Erbsen dazugeben und mitkochen. Beides abgießen und unter fließend kaltem Wasser komplett abkühlen.

2. Die Würstchen in dünne Scheiben schneiden, den Gouda in kleine Würfel. In einer großen Schüssel mit dem abgetropften Mais, Erbsen und Nudeln mischen. Die Salatmayonnaise mit Joghurt und 6 EL Gurkenwasser verrühren, mit Salz und Pfeffer und nach Wunsch noch mit etwas Senf und Curry abschmecken.

3. Der Salat muss nicht mehr durchziehen und kann direkt serviert werden, am besten mit den Gewürzgurken. Kindern schmecken dazu auch Mandarinen aus der Dose.

Pro Portion: 13 g E, 32 g Kh, 12 g F

Für 8 Portionen:

300 g kleine Makkaroni
150 g Erbsen, tiefgefroren
150 g Wiener Würstchen (oder Putenbrust)
150 g Gouda, mittelalt
150 g Mais
100 g Naturjoghurt
1 kleines Glas Gewürzgurken
150 g Salatmayonnaise
Salz, Pfeffer
Senf, Currypulver (optional)

Kichererbsensalat mit Brokkoli

Für 4 Portionen:

1 Dose Kichererbsen
(Abtropfgewicht 240 g)

300 g Brokkoli

2 rote Zwiebeln

40 g frischen Ingwer

4 EL Zitronensaft

4 EL Olivenöl

1 EL Tahin

½ TL Kümmel

Salz, Pfeffer

1 rote Chilischote

1. Die Kichererbsen in ein Sieb gießen und abtropfen lassen, Sud dabei auffangen. Den Brokkoli waschen und in kleine Röschen zerteilen. Anschließend im Blitzhacker zerkleinern.

2. Zwiebeln schälen, halbieren und in sehr kleine Würfel schneiden. Den Ingwer schälen und fein hacken. Alle Zutaten in eine Schüssel geben und gut mit einander vermengen.

3. Zitronensaft, Olivenöl, Tahin und Gewürze vermischen und über den Salat geben. Die Chili waschen, entkernen, in dünne Ringe schneiden und unter den Salat heben.

4. Den Salat für 20 Minuten ziehen lassen. Soviel Kirchererbsensud zugeben, dass die Konsistenz schön saftig wird.

Pro Portion: 7 g E, 11 g Kh, 13 g F

Variante: *Wer es sehr scharf mag, kann die Kerne in den Chilis lassen. Im Sommer können Sie anstatt Brokkoli kleine Wasser- oder Honigmelonenstücke hineingeben und den Salat mit frischer Minze verfeinern. Statt Kichererbsen passen auch Pellkartoffeln.*

Wildreissalat mit Kürbis und Papaya

⊠ 30 Min. + 40 Min.
⊡ 181 kcal pro Portion

1. Den Wildreis gründlich waschen und in die kochende Gemüsebrühe geben. 5 Minuten sprudelnd kochen lassen. Anschließend zugedeckt bei kleiner Hitze etwa 40 bis 45 Minuten garen. Nach dieser Zeit soll das Wasser aufgesogen sein.

2. Inzwischen das Kürbisfleisch entkernen, schälen und würfeln. Papaya oder Apfel schälen, entkernen und würfeln oder in Streifen schneiden.

3. Frühlingszwiebeln putzen, abspülen, trockentupfen und in feine Ringe schneiden. Alles mit dem abgekühlten Wildreis mischen.

4. Die Kürbiskerne, Mandelstifte oder gehackten Walnüsse darüber streuen.

5. Für die Salatsauce Zitronensaft, Senf, Ingwerpulver und Öl verrühren. Vorsichtig unter die Zutaten mischen.

Pro Portion: 4 g E, 22 g Kh, 8 g F

Tipps: *Kürbis wird meist ab 500 g oder kiloweise verkauft. Aus restlichem Kürbisfleisch kann eine Suppe bereitet werden. Dazu z. B. das Kürbisfleisch kurz in Fett dünsten, mit etwas Brühe aufgießen, pürieren und mit Salz, Pfeffer und frischem Majoran würzen.*

Sollte es kein frisches Kürbisfleisch geben, kann auch süßsauer eingelegter Kürbis aus dem Glas verwendet werden oder aber Zucchini oder Staudensellerie. Diese Gemüse sollten vorher etwas gedünstet werden.

Für 4 Portionen:

100 g Wildreis

375 ml Gemüsebrühe
(klare Gemüsesuppe)

300 g Kürbisfleisch

½ Papaya (150 g),
ersatzweise 1 Apfel

1 Frühlingszwiebel

20 g Kürbiskerne

Mandelstifte oder Mandeln,
gehackt nach Belieben

Salatsauce

3 EL Zitronensaft

½–1 TL Senf, mittelscharf

1 Msp. Ingwerpulver

1 EL Pflanzenöl

1 EL Haselnuss- oder
Walnussöl

Kartoffelsalat mit Rucola und Mozzarella

Für 4 Portionen:

1 kg Kartoffeln
(vorwiegend fest kochend)

Salz

75 g Rucola

125 g Mozzarella

1 rote Zwiebel

1 Knoblauchzehe

½ l kalte Gemüsebrühe
(klare Gemüsesuppe)

Pfeffer, frisch gemahlen

1–2 EL Essig
(z. B. Balsamessig)

4 EL Olivenöl, kaltgepresst

1. Die Kartoffeln mit Schale in einem Topf mit leicht gesalzenem Wasser garen.

2. Die Rucola abbrausen, trockenschleudern, dicke Rippen entfernen, größere Blätter eventuell halbieren.

3. Mozzarella erst in Scheiben, dann in Streifen schneiden.

4. Zwiebel und Knoblauchzehe abziehen. Zwiebel sehr fein würfeln. Knoblauchzehe durchpressen. Beides in der Gemüsebrühe mit Pfeffer, Essig und Öl verrühren.

5. Die Kartoffeln abgießen, vorsichtig trockendämpfen und lauwarm schälen. 2 Kartoffeln noch heiß mit der Gabel oder dem Pürierstab zerkleinern und mit der Salatsauce verrühren. Restliche Kartoffeln in feine Scheiben schneiden und warm stellen.

6. Kartoffelscheiben, Käse und Rucolablätter auf einem großen Teller abwechselnd und schuppenartig verteilen. Mit Salatsauce übergießen und lauwarm anrichten.

Pro Portion: 12 g E, 34 g Kh, 16 g F

Tipps: *Statt Rucola können Sie für den Salat auch Löwenzahn, Brunnenkresse, Radicchio oder Chicorée verwenden.*

Auch der Mozzarella ist austauschbar: Pecorino oder Emmentaler kommen als Alternative infrage.

☒ 30 Min. + 30 Min.
☒ 250 kcal pro Portion

Linsensalat mit Senf und Sellerie

Für 4 Portionen:

200 g Puy-Linsen (oder andere kleine dunkle Linsen)

500 ml Brühe

1 Knoblauchzehe

100 g durchwachsener Räucherspeck

1 Schalotte

2 EL Rotweinessig oder Balsamico

1 EL Dijonsenf, auch körniger

1–2 EL Öl Rapsöl

2 helle Selleriestangen mit Blättern

1 Chicoréestaude

Salz, Pfeffer

1. Linsen mit Brühe und angequetschter Knoblauchzehe aufkochen, bei kleiner Hitze mit Deckel etwa 25 Minuten weich köcheln. Abgießen, auskühlen lassen. Knoblauch herausfischen.

2. Speck in Streifen schneiden. In der Pfanne andünsten, er soll nicht knusprig werden. Die Schalotten schälen, in Ringe schneiden, 2 bis 3 Minuten in derselben Pfanne garen. Essig und Senf gut mit dem Pfanneninhalt vermischen. Alles zu den Linsen geben, das Öl untermischen, mit Salz und Pfeffer abschmecken.

3. Selleriestangen entfädeln, in 5 mm dünne Scheiben schneiden und direkt vor dem Servieren untermengen. Chicoréeblätter abtrennen, waschen, mit den Sellerieblättern zum Linsensalat servieren.

Pro Portion: 18 g E, 24 g Kh, 9 g F

Bulgur-Salat

Für 6 Portionen:
500 g Bulgur, grob
1 TL Paprikamark
1 Zwiebel
3 Tomaten, mittelgroß
½ Salatgurke
je 1 rote und gelbe Paprika
1 Bd. glatte Petersilie
5 EL Olivenöl
Zitronensaft
1 TL Pfeffer
1 TL Salz
1 TL Rosenpaprika, scharf

1. Den Bulgur in einem beliebigen Gefäß mit etwa 500 ml heißem Wasser übergießen, mit einem Handtuch bedecken und 10 Minuten quellen lassen. Eventuell überschüssiges Wasser anschließend abgießen. In einer Salatschüssel das Paprikamark mit der Hand unter den Bulgur mischen.

2. Zwiebel schälen, in feine Scheiben, dann in feine Würfel schneiden. Tomaten mit kochendem Wasser übergießen, nach etwa 30 Sekunden das Wasser abschütten und die Tomaten kurz mit kaltem Wasser abschrecken, danach enthäuten, aufschneiden, entkernen und das Tomatenfleisch ebenfalls in feine Würfel schneiden. Salatgurke schälen, in dünne Scheiben und dann in feine Würfel schneiden.

3. Stielansatz der Paprikas herauslösen. Die Schote öffnen, Samen und Spelzen entfernen, in feine Würfel schneiden. Petersilie fein hacken.

4. Das gesamte Gemüse zum Bulgur geben und locker unterheben.

5. Das Olivenöl, den Zitronensaft, Pfeffer, Salz und Rosenpaprika miteinander mischen, über die Bulgur-Gemüse-Mischung träufeln, unterheben und eventuell abschmecken.

Pro Portion: 8 g E, 61 g Kh, 9 g F

Tipps: *Wie bei allen Gerichten mit Olivenöl ist der Geschmack der Speisen schlussendlich abhängig von der Qualität des eingesetzten Öls. Sparen Sie also hierbei nicht am falschen Ende, Ihre Gäste werden es schmecken!*

Paprikamark ist eine Paprika-Würzpaste, die unter dem Namen „Biber salçasý" im türkischen Geschäft erhältlich ist. Für den europäischen Gaumen ist die Geschmacksrichtung „tatlý", mild, empfehlenswert. Wem das nicht reicht: „acý" ist schärfer.

Glasnudelsalat

⏱ 20 Min. + 60 Min.
🍽 280 kcal pro Portion

1. Mu-Err-Pilze mit Wasser aufkochen, 20 Minuten ziehen lassen, abspülen, in Streifen schneiden. Zucchini in Stifte, Champignons und Selleriestangen in feine Scheiben schneiden. Das Grün beiseitelegen.

2. Glasnudeln kurz aufkochen, nach 2 Minuten abgießen und kurz mit kaltem Wasser abbrausen. Mit einer Schere in kleinere Stücke schneiden. Zu dem Gemüse geben.

3. Aus Zitronensaft, Fischsauce, Öl und Zucker eine Marinade rühren. Mit den anderen Salatzutaten vermengen, mindestens eine Stunde durchziehen lassen.

4. Koriander oder Petersilie waschen, trocken schütteln, klein schneiden, mit dem Salat vermengen. Erdnüsse und Selleriegrün darübergeben.

5. Frische Scampi in 1 EL Rapsöl anbraten, salzen, pfeffern und noch warm zum Salat geben.

Pro Portion: 16 g E, 30 g Kh, 11 g F

Tipps: *Keine Fischsauce im Haus? Sie bringt hier das Salz in den Salat. Ersatzweise nehmen Sie helle Sojasauce, die handelsübliche dunkle färbt den Salat zu sehr ein. Alternativ mehr Zitrone nehmen und salzen.*

Scampi gibt es meist tiefgefroren. Sie schnitten in test-Untersuchungen am besten ab. Bei frischen die Schale dranlassen – das Fleisch bleibt saftiger mit mehr Geschmack.

Für 4 Portionen:

6 Mu-Err-Pilze
1 Zucchini
100–150 g weiße Champignons
3–4 Stangen Staudensellerie
100 g Glasnudeln
4 EL Zitronen- oder Limettensaft
4 EL Fisch- oder helle Sojasauce
1 EL Rapsöl
2–3 EL Zucker
1 Bd. Koriander (oder Petersilie)
50 g Erdnusskerne
250 g Scampi
1 EL Rapsöl
Salz, Pfeffer

Linsensalat mit Apfel

Für 4 Portionen:

200 g Puy- oder Beluga-Linsen

1 Knoblauchzehe

1 Lorbeerblatt

Salz

2 Frühlingszwiebeln

1 kleiner Radicchio oder Chicorée (100 g)

1 EL Senf

3 EL Balsamessig

3 EL Rapsöl

Pfeffer aus der Mühle

1 Apfel

3 EL Zitronensaft

1. Linsen kalt abspülen und mit 350 ml Wasser bedecken. Knoblauch abziehen und mit dem Lorbeerblatt zu den Linsen geben. Alles zum Kochen bringen und geschlossen bei kleiner Hitze ungefähr 25 Minuten kochen lassen bis die Linsen bissfest sind. Nach 15 Minuten salzen. Wenn nötig, noch etwas Wasser zugeben. Linsen abgießen, Sud auffangen, Knoblauch und Lorbeer entfernen.

2. Von den Frühlingszwiebeln die Wurzeln entfernen, Zwiebeln und Radicchio waschen und in feine Streifen oder Ringe schneiden.

3. Senf mit Essig, Öl, Salz und Pfeffer cremig rühren, dann 3 bis 4 EL Linsenwasser unterziehen und mit den Linsen, Zwiebeln und Radicchio mischen.

4. Apfel waschen, das Kerngehäuse ausstechen und den ganzen Apfel in hauchfeine Ringe hobeln, auf den Teller verteilen und mit Zitronensaft beträufeln. Salat auf den Apfelscheiben anrichten.

Pro Portion: 13 g E, 26 g Kh, 10 g F

Info: *Apfelsorten, die kaum braun werden: Elstar, Jonagold, Pink Lady, Gala, Braeburn, Golden Delicious.*

⏱ 30 Min. + 90 Min.
🔥 230 kcal pro Portion

Marokkanischer Couscous-Salat

1. Sellerie oben und unten kappen, vom Fenchel harte Schalen entfernen, beides in dünne Scheiben schneiden. Die Gurke entkernen, in kleine Würfel schneiden. Die Tomaten samt Saft und Kernen ebenfalls klein schneiden, mit dem restlichen Gemüse vermischen.

2. Abgeriebene Zitronenschale zum Gemüse geben, ebenso den Saft der Zitrone. Salzen und pfeffern, mindestens 30 Minuten, besser 1 Stunde ruhen lassen, bis alles reichlich Saft gezogen hat.

3. Den Couscous direkt aus der Tüte untermischen, erneut 1 Stunde stehen lassen. Dann mit Kreuzkümmel und Zimt würzen, Kräuter untermengen, ebenso die in dünne schräge Scheiben geschnittenen Frühlingszwiebeln und das Öl. Noch einmal 20 bis 30 Minuten durchziehen lassen.

Pro Portion: 9 g E, 43 g Kh, 8 g F

Für 4 Portionen:
2 Selleriestangen
1 Fenchelknolle
1 Gurke, etwa 300 g
400 g Tomate
1 unbeh. Zitrone
200 g Couscous mittelgrob
2 Tl Kreuzkümmel
½ TL Zimt
1 Bd. Petersilie oder Koriander
½ Bd. Minze
4 Frühlingszwiebeln
2–3 EL Olivenöl
Salz, Pfeffer

Trüffelkartoffel-Salat

Für 4 Portionen:

400 g Trüffelkartoffeln
(alternativ die Sorten
„Blauer Schwede" oder
„Salad Blue")

400 g Salatkartoffeln
(festkochend)

50 g getrocknete Tomaten in Öl

1 Ei, kernweich gekocht

2 EL kleine Kapern mit Sud

2–3 EL Tomatenöl

100 ml Bouillon

2 EL Dijon-Senf

Salz, Pfeffer aus der Mühle

200 g Feldsalat

1. Kartoffeln waschen und in Salzwasser in circa 20 Minuten gar kochen. Abgießen, etwas abkühlen lassen und pellen. Völlig erkalten lassen – am besten bis zum nächsten Tag.

2. Tomaten fein hacken. Ei pellen und mit 2 EL Kapernsud, 3 EL Tomatenöl, Bouillon und Senf cremig pürieren. Mit Salz und Pfeffer kräftig abschmecken.

3. Kartoffeln in feine Scheiben schneiden. Feldsalat waschen, putzen und mit Tomaten, Kartoffeln und Kapern in einer Schüssel mischen. Dressing zugeben und vermengen. Salat etwas ziehen lassen.

Pro Portion: 8 g E, 34 g Kh, 15 g F

Info: *Die Trüffelkartoffel ist eine edle französische Sorte, die dem Salat ein feines Nussaroma verleiht.*

Variante: *Verlängern Sie den Salat mit Basilikumblättern oder Rucola oder jungen Spinatblättern.*

2

MIT FLEISCH UND FISCH

⌛ 15 Min. + 12 Std.
⊡ 372 kcal pro Portion

Roter Heringssalat

1. Die Heringe ausnehmen, etwa 12 Stunden in reichlich Wasser legen und filetieren.

2. Zwiebel schälen, halbieren und zusammen mit den Gurken fein würfeln. Heringe in mundgerechte Stücke schneiden. Apfel waschen, halbieren, das Kerngehäuse entfernen und in kleine Würfel schneiden. Rote Bete ebenfalls klein würfeln.

3. In einer Schüssel Schmand, Meerrettich und Essig zu einem Dressing verrühren und mit Salz und Pfeffer abschmecken.

4. Alle Zutaten in eine Schüssel geben und mit dem Dressing mischen. Kurz durchziehen lassen.

Info: *Wegen des hohen Salzgehalts muss der Salzhering vor dem Verzehr gewässert werden. Er ist schon ohne Kopf und Schwanz erhältlich. Ist der Fisch nach dem Wässern noch zu salzig, einfach für etwa 2 Stunden in Buttermilch einlegen. Salzheringe sind im Sommer nicht erhältlich.*

Variante: *Anstatt eines Salzherings können auch mild gesäuerter Matjes oder Bismarckhering verwendet werden.*

Für 4 Portionen:

2 Salzheringe (ca. 500 g)

1 Zwiebel

2 saure Gurken

1 großer Apfel (ca. 200 g)

200 g gekochte Rote Bete

100 g Schmand

1 TL Meerrettich

2 EL Rotweinessig

Salz, Pfeffer

Pro Portion: 23 g E, 11 g Kh, 26 g F

Salat von Schwarzwurzeln mit Kalbsnierchen

⊠ 30 Minuten
⊡ 774 kcal pro Portion

1. Die Schwarzwurzeln unter fließendem Wasser mit einer kräftigen Bürste abbürsten, halbieren und dann längs auf dem feinen Hobel in dünne Scheiben hobeln. Vorsichtig arbeiten! Direkt in eine Schüssel mit Essigwasser fallen lassen. Tropfnass in eine Kasserolle geben, Essig und Brühe beziehungsweise Fond angießen, Salz und Pfeffer sowie die Butter in Flöckchen zufügen. Zugedeckt etwa 5 bis 8 Minuten dünsten, bis die Schwarzwurzeln zwar gar sind, aber noch Biss haben.

2. Unterdessen die Kalbsniere putzen, das heißt alle weißen Innenstränge herauslösen – dafür mit dem kleinen Officemesser zunächst die Stränge frei schaben und dann abtrennen.

3. Die Niere quer in Scheibchen schneiden und gut abtrocknen. Eine blanke Pfanne erhitzen, erst dann das Öl hineingeben und nach und nach die Nierenscheibchen darin braten; unbedingt in kleinen Portionen, weil sie sonst Wasser ziehen und schnell schmoren statt zu braten, das macht sie zäh. Die Scheibchen nur kurz auf beiden Seiten bräunen, erst danach salzen und pfeffern und auf einem Teller nachziehen lassen. Fein geschnittene Rucolablätter untermischen und mit Balsamico beträufeln und Kleckse von Rucolaöl rundum setzen. Für das Rucolaöl die Handvoll Blätter mit wenig Salz und Olivenöl im Mixbecher pürieren.

Pro Portion: 22 g E, 4 g Kh, 74 g F

Für 2 Portionen:

300 g Schwarzwurzeln

2 EL Essig fürs Essigwasser und 2 EL Essig zum Dünsten

125 ml Fleischbrühe oder Kalbsfond

Salz, Pfeffer

2 EL Butter

1 Kalbsniere

2 EL Olivenöl

Salz, Pfeffer

einige Rucolablätter

einige Tropfen Balsamico

Rucolaöl

1 kleines Händchen voll Rucolablätter

einige Krümel Salz

100 ml Olivenöl

Salat von grünem Spargel mit gebratener Kalbsleber

Für 4 Portionen:

200 g Spargel (grün oder weiß)
3 EL Olivenöl
Salz, Pfeffer
½ unbeh. Zitrone
300 g Kalbsleber (am Stück)
1 EL Speisestärke
2 EL Olivenöl
Salz
2 Frühlingszwiebeln
1 EL Senfkörner
½ TL Dijonsenf
4 cl Sherry
1 Tomate

Pro Portion: 12 g E, 9 g Kh, 14 g F

1. Den Spargel sorgsam schälen (auch der grüne muss von der Mitte bis zum unteren Ende geschält werden). Auf dem Gurkenhobel längs in dünne Scheiben schneiden – das geht am besten mit der flachen Hand, wobei man natürlich besonders vorsichtig sein muss. Direkt auf die Teller verteilen, die jeweils mit Olivenöl eingepinselt und leicht mit Salz und Pfeffer bestreut sind. Spargelstreifen mit Zitronenschale würzen und mit Zitronensaft besprenkeln.

2. Die Leber häuten, dicke Sehnen auslösen, das Stück dann in halbzentimeter dünne Scheiben schneiden. Mit Stärke überpudern, rasch wieder ausschütteln, so dass die Scheiben nur von einem hauchzarten Film überzogen sind. In heißem Öl rasch auf beiden Seiten braten, dabei pfeffern. Herausheben und warm stellen, erst jetzt salzen.

3. Die unterdessen in dünne Scheiben geschnittenen Frühlingszwiebeln (auch das Grün!) im verbliebenen Bratfett andünsten, die Senfkörner zufügen, etwas Salz und Pfeffer. Den Senf einrühren, mit Sherry ablöschen und aufkochen.

4. Die Leberscheiben kurz in dieser Sauce wenden, dann auf dem Spargel anrichten. Kleckse von Sauce dazwischen verteilen. Die Tomate entweder in Scheiben oder auch gehäutet, entkernt und als Würfel dazwischen streuen.

Tipps: *Wer es pikanter mag, rührt in die Salatsauce ¼ TL mittel-scharfen Senf.*

Statt mit Balsamessig können Sie auch mit Himbeer- oder Estragon-essig würzen.

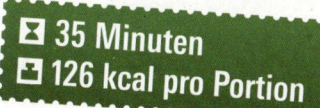
Erdbeer-Frisée-Salat mit Putenleber

Für 4 Portionen:

1 Kopf Frisée

250 g Erdbeeren

100 g Putenleber

15–20 g Butter

Salz, Pfeffer (frisch gemahlen)

Salatsauce

1 Bd. Estragon

1–2 EL Balsamessig

Salz, Pfeffer aus der Mühle

2 TL Öl

1. Vom Frisée dicke, grüne Blätter entfernen, die übrigen Blätter vom Strunk lösen. Salatblätter abbrausen, trockenschleudern und in mundgerechte Stücke zupfen.

2. Die Erdbeeren abbrausen, trockentupfen, die Stiele und Blütenansätze entfernen. Die Früchte halbieren oder vierteln.

3. Die Putenleber in ihre natürlichen Hälften teilen, Häutchen entfernen, die Leberstücke trockentupfen und in Streifen schneiden. Die Butter in einer beschichteten Pfanne erhitzen, die Putenleber darin unter Wenden kurz anbraten, dann mit Pfeffer und wenig Salz würzen. Leber herausnehmen, warm stellen und den Bratfond beiseite stellen.

4. Für die Salatsauce den Estragon abbrausen, trockenschleudern, die Blättchen abzupfen und eventuell grob schneiden. Essig, Salz, Pfeffer und Öl verrühren, die Estragonblättchen zufügen.

5. Die Salatblätter auf Tellern anrichten. Die Erdbeeren und Putenleber darauf verteilen. Den Bratfond in die Salatsauce rühren und über den Salat geben.

Pro Portion: 6 g E, 6 g Kh, 8 g F

Thaisalat von der Kalbszunge

Für 4 bis 6 Portionen:

1 gepökelte Kalbszunge

1–2 Bd. Suppengrün

Salz

1 TL Pfefferkörner

1 Lorbeerblatt

1 Chilischote

außerdem: zwei Handvoll gemischte Salatblätter – das Herz eines Kopfsalats, Chicorée, Radicchio, Feldsalatröschen o. Ä.

1 Frühlingszwiebel

Blätter von glatter Petersilie

Koriandergrün, Thaibasilikum

½ Papaya

Thai-Vinaigrette

1 Schalotte

2 Knoblauchzehen

2–3 Korianderwurzeln

1 rote und 1 grüne Chilischote

1 Finger-Ingwer (Kra Chai)

1 Stück Thai-Ingwer (Galgant oder Krah)

1 walnussgroßes Stück Ingwerwurzel

½ TL Zucker

Saft einer Limette

2–3 EL Fischsauce

1. Die Zunge bereits am Vortag kochen. Mit dem Suppengrün und den Gewürzen in einen Topf geben, mit Wasser bedecken und auf mittlerem Feuer knapp 2 Stunden leise ziehen lassen, bis eine Nadel, die Sie hinein stechen, widerstandslos durchgleitet.

2. Die Zunge im Sud abkühlen lassen, dann die ledrige Haut abziehen, unschöne Fett- und Knorpelstücke wegschneiden. Die Zunge in Klarsichtfolie wickeln und bis zum nächsten Tag kalt stellen.

3. Zum Servieren die Salatblätter auf einer Platte als Bett ausbreiten. Die Frühlingszwiebel schräg in feine (das Weiße) und das Grün in etwas breitere Ringe schneiden und darauf verteilen, ebenso die Kräuterblätter. Die Papaya schälen, die Kerne herausstreifen, das Fruchtfleisch würfeln und ebenfalls auf dem Salat verteilen.

4. Schließlich die Zunge auf der Aufschnittmaschine längs in hauchdünne Scheiben schneiden, locker zusammenrollen und zwischen die Blätter stecken.

5. Für die Vinaigrette alle Zutaten putzen, wenn nötig schälen, Chilis entkernen, alles grob in Stücke schneiden und in den kleinen Mixbecher füllen. Zucker, Limettensaft, auch etwas von den Limettenschale und Fischsauce zufügen. Nur so weit mixen, dass noch Stückchen erkennbar sind. Diese Marinade über die Salatzutaten klecksen, dabei vor allem auch die Zunge damit würzen.

Pro Portion: 21 g E, 9 g Kh, 13 g F

Artischockensalat mit gebratenen Calamaretti

Für 4 Portionen:

2–4 kleine Artischocken

1 Zitrone

Salz, Pfeffer

2–3 EL Olivenöl

außerdem

300 g sehr kleine Calamaretti (Mini-Kalmare)

2 El. Olivenöl

glatte Petersilie

1. Die Artischocken zunächst entblättern, dann mit einem Messer das Herz glatt schneiden, wenn nötig, das Heu in der Mitte mit einem spitzen Löffel entfernen. Auf dem Hobel über einer flachen Schale in hauchfeine Scheiben hobeln. Sofort mit Zitronensaft beträufeln und umwenden, damit sie schön hell bleiben. Schließlich mit Salz und Pfeffer würzen und mit Olivenöl mischen.

2. Die Calamaretti putzen, die Tuben innen auswaschen. Quer in fingerbreite Streifen schneiden, zwischen den Tentakeln das Maul und die Augen entfernen. Eine blanke (oder gusseiserne) Pfanne leer erhitzen, wenig Öl zufügen, das sofort zu rauchen beginnt, die Tintenfischstücke portionsweise darin anrösten – der Boden darf nie bedeckt sein, sonst ziehen die Stücke Wasser und werden zäh. Nach weniger als einer Minute sind sie gar, herausheben und warm stellen. Mit Zitronenschale, Zitronensaft und Olivenöl würzen, fein geschnittene Petersilie untermischen und verteilen.

Pro Portion: 14 g E, 4 g Kh, 11 g F

⊠ 25 Minuten
⊠ 303 kcal pro Portion

Für 2 Portionen:

1 Möhre

3 kleine unbeh. Salatgurken

2 EL Sweet Chili Sauce

1 EL Sesam, geröstet

1 EL frischer Koriander, grob gehackt

½ unbeh. Limette

½ TL Sesamöl

1 EL Olivenöl

8 TK-Riesengarnelen (geschält)

1 Knoblauchzehe

Salz, Pfeffer

Gurkensalat mit Gambas

1. Wasser erhitzen. Möhren schälen und in feine Streifen schneiden. Gurken waschen, trocken reiben, ungeschält mit einem Sparschäler in Längsstreifen schneiden. Mit den Möhrenstreifen vermengen.

2. Sweet Chili Sauce, Sesam, Koriander, Saft und fein geriebene Schale der Limette sowie Sesamöl zu einem Dressing verrühren und unter den Gurkensalat mischen.

3. In einer Pfanne 1 EL Olivenöl erhitzen. Die Garnelen kurz überbrühen (Rest des Wassers für den Reis beiseite stellen), abspülen und mit der geschälten Knoblauchzehe scharf auf jeder Seite 1 bis 2 Minuten anbraten. Mit Salz und Pfeffer würzen.

4. Gurkensalat abschmecken, in kleine Schüsseln geben und mit je 2 Garnelen servieren.

Pro Portion: 27 g E, 18 g Kh, 12 g F

Salat vom Tafelspitz

⊠ 30 Min. + 1 Nacht
⊡ 560 kcal pro Portion

1. Das Fleisch mit Küchenpapier abwischen. In einem Topf mit Wasser bedecken und ohne Deckel erhitzen. Nach dem ersten Aufwallen die Hitze auf kleinste Stufe herunterschalten, Deckel drauf und den Tafelspitz ca. 3 Stunden leise ziehen lassen. Über Nacht abkühlen lassen.

2. Wer rechtzeitig daran denkt, kann den Sellerie schon mit dem Tafelspitz mitkochen. Ansonsten die Knolle ungeschält im Dampfdrucktopf etwa 20 Minuten garen. Erst dann schälen, so bleibt er schön weiß.

3. Zum Anrichten die Teller in der Mitte mit etwas Olivenöl beträufeln, dort auch Salz und Pfeffer hinstreuen, und nun mit dem Finger oder einem Pinsel verteilen; so wird der Sellerie auch von unten gewürzt.

4. Den Sellerie auf der Aufschnittmaschine in dünne Scheiben schneiden und im Rund auf den Tellern ausbreiten. Den Tafelspitz von Häuten und Sehnen befreien und ebenfalls dünn aufschneiden, locker auf dem Bett von Selleriescheiben anrichten.

5. Auch die Zwiebel hauchdünn aufschneiden und darüber verteilen. Den Chicorée putzen, welke Blätter entfernen, den Kolben quer in feine Streifchen schneiden. Mit der Kresse und den zerzupften Salatblättern in einer Schüssel mischen.

6. Das restliche Olivenöl, Salz, Pfeffer und Himbeeressig mit einer Gabel aufschlagen. Den Chicorée damit anmachen und dekorativ auf das Fleisch häufen, die Marinade gleichmäßig über das Fleisch träufeln.

7. Zitronenöl: Den Zucker in einer Kasserolle karamellisieren, mit Zitronensaft ablöschen, die in feine Würfel geschnittene Zitronenschale zufügen. Köcheln, bis ein gelber, duftender Karamell entstanden ist. Abkühlen lassen, mit dem Öl vermischen und in ein kleines Schraubglas füllen. Vor Gebrauch gut schütteln! Schließlich das Zitronenöl in kleinen Klecksen auf Salat und Teller verteilen.

Für 4 Portionen:

- 1 Sellerieknolle
- 3–4 EL Olivenöl
- Salz, Pfeffer
- 3 EL Himbeeressig
- ca. 500 g kalter Tafelspitz
- 1 Chicoréestaude
- 1 Handvoll Kresse
- einige Salatblätter
- 1 rote Zwiebel
- 1 Chilischote
- Zitronenöl (2 EL Zucker, 2 unbehandelte Zitronen, 100 ml Olivenöl)

Pro Portion: 37 g E, 14 g Kh, 38 g F

Salat mit Scampi und Speck

Für 4 Portionen:

etwa 200 g gemischte feste Salatblätter wie Radicchio, Salatherzen, Rucola oder Friséesalat

1 kleine Schalotte (oder 1–2 Frühlingszwiebeln)

2 Knoblauchzehen

120 g durchwachsener Räucherspeck

6 Scheiben Toastbrot oder Baguette

4–5 EL Olivenöl

200 g große Scampi

3 EL Rotwein- oder Sherryessig

Pfeffer

1. Die Salatblätter – pro Person etwa eine Handvoll – vom Strunk lösen, waschen und trocken schleudern, gegebenenfalls in mittelgroße Stücke zerteilen. Schalotte oder Frühlingszwiebeln in dünne Ringe schneiden, 1 Knoblauchzehe schälen und hacken. Den Speck quer in dünne Scheiben oder schmale Streifen schneiden.

2. Das Brot kurz toasten. Mit einer durchgeschnittenen Knoblauchzehe auf einer Seite einreiben, in kleine Stücke schneiden und mit 1 EL Olivenöl in einer Pfanne langsam knusprig braten, dann beiseitelegen.

3. Die Scampi in 1 EL Olivenöl von allen Seiten etwa 2 Minuten anbraten, in die Salatschüssel geben. In derselben Pfanne Zwiebeln, Knoblauch und Speck anbraten, er soll nicht knusprig werden. Pfanne vom Herd nehmen, Zwiebel-Speck-Mischung mit 1 EL Essig ablöschen. Nun den ganzen Pfanneninhalt– mit Speck, Öl, Zwiebeln, Knoblauch – in die Schüssel zu den Scampi geben, alles mit 2 EL Essig und etwas Pfeffer gut mischen. Erst die festen Salatblätter unterheben, dann feinere wie Rucola. Zum Schluss 2 bis 3 EL Olivenöl unter den Salat geben.

4. Den Salat gleich servieren, vorher aber die Scampi herausfischen und zusammen mit Brotwürfeln auf die Salatportionen legen.

Pro Portion: 20 g E, 23 g Kh, 25 g F

Tipp: *In Frankreich nimmt man meist Frisée als Salat. Andere Sorten gehen auch. Hauptsache, die Salatblätter fallen nicht gleich zusammen und schmecken teilweise leicht bitter. Gut zum Salat sind auch gekochte Eier.*

Nizza-Salat

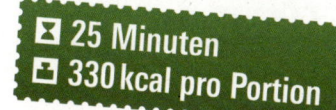
⏱ 25 Minuten
🔥 330 kcal pro Portion

1. Zunächst Senf, Essig, Wasser und Öl zusammenmischen. Danach kommen Natron, Salz und Pfeffer dazu, dann eine Knoblauchzehe hineinpressen. Das Mischen geht mit dem Mixstab – oder gleich in einer Flasche, in der Sie das Ganze einfach gründlich schütteln und dann auch aufbewahren.

2. Die Gemüse waschen und putzen. Je nach Sorte Wurzeln, Kerne und Blätter entfernen, den Fenchel ohne Strunk in einzelne Blätter zerteilen. Als Erstes kommen die rohen Zuckerschoten in dünne Streifen geschnitten in die Salatschüssel, dann die Tomaten, je nach Größe halbiert oder geviertelt.

3. Frühlingszwiebeln und Selleriestangen in dünne Ringe schneiden, die Paprikaschote und Fenchelblätter in etwa 2 cm dicke Streifen. Alles mit der Vinaigrette vermengen. Die Salatgurke schräg in Scheiben schneiden und untermischen, zum Schluss die Salatmischung mit den kleinen, möglichst bunt gemischten Blättern untermengen, alternativ Rucola und kleinen Romanasalat in etwa 2 cm breite Streifen geschnitten.

4. Thunfisch abtropfen lassen, Sardellenfilets in Salz abspülen. Den Salat auf Tellern anrichten, den Thunfisch darüberkrümeln, jeweils ein halbiertes Ei, 2 Sardellenfilets und die Oliven darauf verteilen. Die Basilikumblätter abzupfen, größere zerteilen, über den Salat streuen.

Pro Portion: 24 g E, 9 g Kh, 26 g F

Für 4 Portionen:

120–150 ml Vinaigrette
(2 EL Dijonsenf, 2 EL Essig,
1 TL Wasser, 5–6 EL Öl, ½ Msp.
Natron, Salz, Pfeffer)

1 Knoblauchzehe

100 g Zuckerschoten

4 mittlere oder 8 kleinere Tomaten

2 Frühlingszwiebeln

2 Selleriestangen

1 grüne Spitzpaprika

½ Fenchel

½ Salatgurke

1 Beutel kleine ganze Salatblätter,
bunt gemischt

1 Dose Thunfisch in Öl

8 Sardellenfilets

2 hartgekochte Eier

100 g schwarze weiche Oliven
mit Kernen (Nizza-Oliven)

3 Stiele Basilikum

15 Minuten
454 kcal pro Portion

Für 2 Portionen:

1 reife Avocado
½ Zitrone
2 EL Pinienkerne
½ Kopf krause Endivie
½ Kopf Radicchio
180 g Palmherzen
1 TL Worcestersauce
Salz, Pfeffer
3–4 EL Olivenöl
140 g Flusskrebsschwänze

Avocado-Palmherzen-Salat mit Flusskrebsen

1. Die Avocado schälen, halbieren, entkernen und in dünne Scheiben schneiden. In eine Schüssel geben und mit etwas Zitronensaft beträufeln, damit sie nicht braun wird. Die Pinienkerne in einer Pfanne ohne Fett goldbraun rösten und zu den Avocados geben.

2. Endivie und Radicchio waschen, in feine Streifen schneiden und in die Schüssel geben. Die Palmherzen in Scheiben schneiden und dazugeben.

3. In einer kleinen Schüssel aus dem restlichen Zitronensaft, Worcestersauce, Salz, Pfeffer und Olivenöl ein Dressing rühren und unter den Salat heben. Noch mal mit Salz und Pfeffer abschmecken und mit den Flusskrebsschwänzen bestreut servieren.

Pro Portion: 17 g E, 11 g Kh, 38 g F

Variante: *Statt Worcestersauce geht auch Sojasauce, davon aber etwas weniger als 1 TL verwenden.*

Fenchel-Orangen-Salat mit geräucherter Forelle

1. Fenchelknolle waschen, Stiel entfernen, das Blattgrün aufsparen. Den Rest vierteln, den Strunk entfernen. Die Viertel in feine Streifen schneiden und in eine Schüssel geben.

2. Die Orange filetieren, den Saft dabei auffangen. Filets zum Fenchel geben. Aus Orangensaft, Olivenöl, Salz und Pfeffer ein leichtes Dressing mischen. Auch ein wenig Öl von den getrockneten Tomaten dazugeben.

3. Die Tomaten ganz klein würfeln. Die Knoblauchzehe schälen, in hauchfeine Scheiben schneiden und mit den Tomaten über den Fenchel und die Orangen verteilen.

4. Das Basilikum mit dem Grün der Fenchelknolle über den Salat streuen. Zum Schluss die Forelle in Stücke schneiden und dazugeben. Wer mag, kann noch ein paar Spritzer Zitronensaft über den Salat träufeln.

Pro Portion: 19 g E, 12 g Kh, 13 g F

Für 2 Portionen:
1 mittelgroße Fenchelknolle
1 Orange
1–2 EL Olivenöl
Salz, Pfeffer
5 getrocknete Tomaten (in Öl)
1 kleine Knoblauchzehe
1 EL Basilikum, grob gehackt
150 g geräucherte Forelle
Zitronensaft nach Belieben

Tintenfischsalat à la Tabouleh

Für 4 Portionen:

250 g Tintenfischtuben
(frisch oder TK)

1 Zitrone

5 EL Olivenöl

Cannellini-Bohnen
(240 g Abtropfgewicht)

100 g Bulgur

1 rote Zwiebel

2 Fleischtomaten

1 Bd. Rucola
oder glatte Petersilie

1 Knoblauchzehe

Salz, Pfeffer

1. Tintenfisch waschen, in Ringe schneiden. Mit dem Saft einer halben Zitrone sowie 1 EL Olivenöl mischen und ziehen lassen.

2. Bohnen abgießen, Sud mit Wasser auf 200 ml auffüllen. Bulgur in dem Mix aufkochen und zugedeckt bei kleiner Hitze etwa 20 Minuten (nach Packungsanleitung) ausquellen lassen.

3. Zwiebel schälen, halbieren und in feine Würfel schneiden. Die Tomaten waschen, halbieren, Stielansatz heraustrennen und in etwas größere Würfel teilen. Rucola putzen, waschen, trocken schütteln und fein hacken. Knoblauchzehe schälen und durch eine Presse drücken.

4. Tintenfischringe abtropfen lassen, in einem kleinen Topf in etwa 15 Minuten gar dünsten. Tintenfisch und Bulgur etwas abkühlen lassen.

5. Die Tintenfischringe mit Bulgur, Zwiebeln, Tomaten, Rucola und Kichererbsen mischen. Die zweite Zitronenhälfte auspressen, den Saft mit restlichem Öl mischen und unter den Salat ziehen. Mit Salz und Pfeffer abschmecken.

Pro Portion: 15 g E, 23 g Kh, 14 g F

Tipp: *Tintenfischtuben, egal ob frisch oder gefroren, immer noch mal kontrollieren. Die scharfkantigen Rückgrate können zu bösen Verletzungen im Mund führen.*

Variante: *Kaufen Sie fertig marinierte Tintenfischringe oder Meeresfrüchte und füllen deren Marinade mit den Saft 1 Zitrone, Kichererbsensud, Olivenöl und Wasser zu 200 ml Flüssigkeit auf. Couscous darin 15 Minuten ziehen lassen und inzwischen das Gemüse zubereiten. Dann alles mischen – fertig! Statt Cannellini passen auch weiße Bohnen.*

3

MIT TOFU

Fruchtiger Avocadosalat

1. Pfirsiche in Spalten schneiden, Avocados schälen, in Spalten schneiden, mit Zitronensaft beträufeln, Tofu in Würfel schneiden.

2. Die Quinoa in 2 EL Öl 5–10 Minuten knusprig braten, mit Salz und Pfeffer abschmecken.

3. Etwa 2 EL Öl mit etwas Wasser, 1 TL Essig, Salz und Senf mischen und über den Blattsalat geben.

4. Die Salatblätter auf Teller verteilen und die Pfirsich-, Avocado- und Tofuwürfel darauf anrichten. Mit der gerösteten Quinoa über die Salatblätter gestreut servieren.

Pro Portion: 37 g E, 18 g Kh, 76 g F

Tipp: *Das Fruchtfleisch der Avocado wird an der Luft schnell braun, es oxidiert. Einige Tropfen Zitronensaft verhindern das.*

Für 4 Portionen:
300 g gekochte Quinoa (oder Wildreis)
2 EL Öl
1 TL Essig
Senf
gemischter Salat (etwa 300 g)
4 Pfirsiche
4 Avocados
1 Pckg. Räuchertofu
außerdem: Öl, Salz, Pfeffer, Zitronensaft

Quinoasalat mit Tofudressing

☒ 5 Minuten
☐ 225 kcal pro Portion

1. Für das Dressing Wasser und Zitronensaft mit Dijonsenf, Salz und Ahornsirup mischen. Dann Seidentofu einarbeiten (Mixstab), Rapsöl dazugeben.

2. Die Salatblätter in einer großen Schüssel mit dem Dressing mischen.

3. Den Salat auf eine große Platte geben, die Quinoa darüberstreuen und servieren.

Pro Portion: 7 g E, 20 g Kh, 13 g F

Für 4 Portionen:
Tofudressing
2 EL Wasser
2 EL Zitronensaft
½ TL Dijonsenf
Salz
Ahornsirup
50 g Seidentofu
40 ml Rapsöl
Salat
400 g gemischter Salat
300 g gekochte Quinoa

Geschmolzener Eisberg mit Radieschen und Möhrenkokos

Für 4 Portionen:

1 Bd. Radieschen

1 Eisbergsalat

je 4 EL Kürbis- und Sonnenblumenkerne

1 Bd. Basilikum

400 g Tofu gekräutert

Möhrenkokos

25–50 g Ingwer

200 g Möhren

200 ml Kokosmilch

außerdem: Olivenöl, Zitronensaft oder Apfelessig, Honig, Salz

1. Radieschen vierteln. Eisbergsalat waschen, trocken schleudern, in Stücke teilen. In einer Pfanne Kürbis- und Sonnenblumenkerne ohne Fett rösten, auskühlen lassen. Basilikum-Blättchen von den Stielen zupfen, Tofu in Scheiben schneiden.

2. Radieschen in 2 EL Olivenöl braten, mit 1 EL Zitronensaft oder Apfelessig sowie 1 EL Honig und Salz würzen, beiseitestellen.

3. Zerteilte Eisbergblätter in 2 EL Olivenöl braten, bis der Salat schmilzt, das heißt zusammenfällt, dabei aber noch knackig ist. Die gevierteilten Radieschen dazugeben und alles mit Salz, Honig und Zitrone abschmecken. Mit reichlich Kernen bestreuen und mit Basilikum garnieren.

4. Tofuscheiben in 1–2 EL Olivenöl von beiden Seiten braun braten.

Möhrenkokos: Ingwer schälen, fein raspeln, ausdrücken und den Saft auffangen. Möhren schälen und grob raspeln, mit dem Ingwersaft und Kokosmilch etwa 10 Minuten kochen, dabei salzen, dann pürieren.

Pro Portion: 17 g E, 22 g Kh, 48 g F

Tipp: *Tofu muss nicht neutral schmecken. Es gibt ihn beispielsweise auch mit Kräutern, geräuchert, als Seidentofu. Sie können ihn aber auch selbst marinieren.*

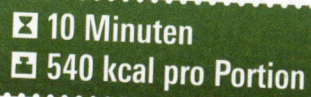

Bunter Glückssalat

1. Die Salatblätter in einer Schüssel vorsichtig mit dem Dressing vermischen.

2. Räuchertofu in kleine Würfel schneiden und in 4 EL Rapsöl anbraten, etwas abkühlen lassen.

3. Den Salat auf die Teller verteilen, den Buchweizen und die lauwarmen Tofuwürfel darüberstreuen. Zum Schluss den Ziegenkäse in grobe Stücke brechen und gleichmäßig auf die Salate verteilen.

4. Für das Dressing: Mischen Sie das Rapsöl mit Essig und Wasser, Salz und etwas Senf.

Pro Portion: 25 g E, 24 g Kh, 39 g F

Für 4 Portionen:
400 g gemischter Salat
250 g Räuchertofu
300 g gekochter Buchweizen
300 g Ziegenkäse
Rapsöl
Rapsöl-Dressing
75 ml Rapsöl
1 EL Essig
1 EL Wasser
½ TL Salz
Senf

Für 4 Portionen:

½ frische Ananas

400 g frisches Rotkraut

1 Gemüsezwiebel, Salz, Pfeffer

1 TL Chiliflocken (Pul Biber)

4 EL Himbeeressig

3 EL Sojaöl

250 g Räuchertofu

Pro Portion: 12 g E, 21 g Kh, 17 g F

Ananas-Rotkraut-Zwiebel-Salat

1. Ananas halbieren, vierteln und den Strunk entfernen. Fruchtfleisch in mundgerechte Stücke schneiden und von der Schale lösen, beiseite stellen.

2. Rotkraut waschen, putzen, Zwiebel schälen. Beide Gemüse in Streifen hobeln.

3. Ananas, Rotkraut und Zwiebeln mit Salz, Pfeffer und Chiliflocken (Pul Biber) kräftig würzen. Himbeeressig und Öl dazugeben und ziehen lassen. Tofu in Streifen schneiden und dazugeben.

4

DIE ETWAS ANDEREN SALATE

Salat am Spieß

Für 4 Cocktailspieße (ca. 20 cm):

1 Paprikaschote

1 Bd. Radieschen

1 kleines Salatherz

¼ Salatgurke

100 g Grünkernbratlings-
mischung

1 Ei

Rapsöl

1. Das Gemüse waschen, trocknen. Die Paprika vierteln, Paprika und Salatblätter in breite Streifen schneiden, die Gurke in Scheiben (½ cm dick).

2. Bratlingsmischung nach Packungsanleitung etwa 10 Minuten quellen lassen. Das Ei unter die Grünkernmasse mischen. Aus der Masse mit 2 Esslöffeln kleine Kugeln formen, in 1 EL Rapsöl 2 bis 4 Minuten von jeder Seite braten.

3. Pro Spieß 3 Paprikastreifen abwechselnd mit einer halbierten Grünkernbulette, 3 Radieschen, Salatstreifen- und Gurkenscheiben aufstecken.

Pro Portion: 8 g E, 22 g Kh, 6 g F

Endiviensalat mit Apfel-Meerrettich-Sahne

Für 4 Portionen:

Sauce

2 säuerliche Äpfel

2 TL Zitronensaft

75 g frischen Meerrettich, ersatzweise 2 EL aus dem Glas

100 ml Schlagsahne

Salat

400 g Endivie (Eskariol oder Frisée)

2 EL Haselnusskerne

je 3 Stiele Zitronenmelisse, Pimpernelle und Liebstöckel

1. Für die Sauce die Äpfel waschen, trockentupfen. Mit der Schale reiben und mit dem Zitronensaft mischen. Die Meerrettichwurzel putzen, waschen, schaben und sehr fein über die Äpfel reiben.

2. Die Sahne steif schlagen und unter die Äpfel und den Meerrettich heben.

3. Vom Endiviensalat das Strunkende abschneiden, welke Blätter entfernen. Die Blätter von der Staude abtrennen, abbrausen, trocken-schleudern und die Blätter in schmale Streifen schneiden.

4. Die Haselnüsse in einer Pfanne ohne Fett goldgelb rösten, bis sie duften, dann herausnehmen und hacken.

5. Die Kräuter abbrausen, trockenschleudern und fein hacken. Die Nüsse mit den Kräutern mischen und unter den Salat heben. Die Apfel-Meerrettich-Sahne darüber geben.

Pro Portion: 3 g E, 10 g Kh, 11 g F

Tipp: *Endivie kann durch Eisbergsalat oder andere Salatsorten ersetzt werden.*

☒ 35 Minuten
☒ 370 kcal pro Portion

Kopfsalat vom Grill

1. Austernpilze putzen, große Stiele abschneiden. Frühlingszwiebeln schräg in Stücke schneiden, junge Möhren schälen und mit einem Sparschäler der Länge nach in dünne Streifen schneiden. Salbei-Blätter abzupfen.

2. Salatköpfe von den äußeren welken Blättern befreien, vierteln.

3. Für den Dip 5 EL Senf mit 3 EL Honig verrühren und salzen.

4. Die Austernpilze in 2 EL Olivenöl braun braten, bei einer kleineren Pfanne nacheinander in zwei Portionen, damit sie wirklich leicht knusprig werden.

5. Die Pilze herausnehmen, Frühlingszwiebeln und die Möhren in die Pfanne geben und ebenfalls kurz anbraten, mit dem Weißwein ablöschen. Mit Salbeiblättchen würzen. Wenn das Gemüse gar ist, die Pilze dazugeben, pfeffern und salzen.

6. Den Kopfsalat kurz in 1 EL Öl anbraten, salzen. Den Salat auf die Teller verteilen und das Gemüse darauflegen. Den Senfdip extra dazu servieren.

Pro Portion: 7 g E, 20 g Kh, 28 g F

Tipp: *Besonders schön wirkt das Gericht mit kleinen Salatköpfen, dem sogenannten Baby Romana. Rechnen Sie pro Person einen Kopf und braten Sie ihn als Ganzes.*

Für 4 Portionen:

500 g Austernpilze
1 Bd. Frühlingszwiebeln
200 g junge Möhren
100 ml Weißwein (fruchtig mit leichter Säure)
einige Stiele Salbei
2 Köpfe Salat
außerdem: Dijonsenf, Honig, Salz, Olivenöl, Pfeffer

Zucchini-Melonen-Carpaccio

Für 4 Portionen:

¼ Honigmelone
(oder Cantaloupe)

1 mittelgroße Zucchini
(etwa 250 g)

1 unbeh. Orange

2 EL Rapsöl

evtl. heller Balsamessig

Salz

4 EL gehackte weiche Nüsse
(Walnuss-, Pinien-, Cashewkerne)

4 getrocknete Tomaten

1 gestrichener TL Pfefferkörner

4 Scheiben Ziegencamembert
(ersatzweise 100 g Schafskäse)

1. Melone entkernen, schälen, längs in dünne Scheiben schneiden. Zucchini waschen, schräg hobeln oder schneiden. Melonen- und Zucchinischeiben abwechselnd sternförmig auf einem Teller anrichten.

2. Orangenschale abreiben, Orange ausdrücken. Die Hälfte des Safts mit Öl mischen, salzen, eventuell mit Essig abschmecken. Gehackte Nusskerne, klein geschnittene getrocknete Tomaten, Salz und Pfefferkörner hinzufügen.

3. Ziegenkäse im vorgeheizten Backofen 1 bis 2 Minuten übergrillen, alternativ Schafskäse in Stücken auf einem hitzebeständigen Teller bei 200 °C im Backofen 10 bis 15 Minuten erwärmen.

4. Käse in die Mitte des vorbereiteten Carpaccio-Tellers setzen, Dressing darüber verteilen. Dazu Ciabatta reichen.

Pro Portion: 11 g E, 9 g Kh, 22 g F

Tipps: *Die Scheiben sollen nicht zu dick und nicht zu dünn werden. Das geht am einfachsten mit einem Sparschäler, sonst Käse- oder Gemüsehobel.*

Der Carpaccio-Klassiker ist eine Vorspeise aus rohem, frischem Rinderfilet: Filet in Frischhaltefolie wickeln, 50 Minuten ins Gefrierfach legen, in hauchdünne Scheiben schneiden, würzen. Mit Olivenöl und Parmesanspänen servieren.

Für 4 Portionen:

Salatsauce

2 ½ EL Himbeeressig

3 EL Raps- oder Sonnenblumenöl

½ TL Honig

Salz, Pfeffer (frisch gemahlen)

Salat

250 g Staudensellerie

1 Apfel (Cox Orange)

200 g Himbeeren

10 g Mandelstifte

Pro Portion: 2 g E, 10 g Kh, 9 g F

Himbeer-Sellerie-Salat

1. Für die Salatsauce Himbeeressig, Öl, Honig und Gewürze verrühren.

2. Staudensellerie putzen, waschen, zarte Blättchen abtrennen und beiseite legen. Die dünnen Selleriestangen, schräg in feine Streifen schneiden. Eventuell dicke Selleriestangen längs halbieren; die dickeren Teile anderweitig verwenden.

3. Den Apfel schälen, vierteln, das Kerngehäuse entfernen. Die Apfelviertel quer in dünne Scheiben schneiden. Mit den Selleriestückchen und der Salatsauce mischen.

4. Die Himbeeren verlesen, abtupfen, nicht waschen, die Blütenansätze entfernen.

5. Den Salat in eine flache Schüssel geben oder auf vier Teller verteilen. Mit den Himbeeren und Mandelstiften bestreut anrichten.

Tipp: *Dieses Rezept sollte nur mit frischen Himbeeren zubereitet werden; tiefgefrorene sind zu weich. Ansonsten ist es ratsam, die Selleriestücke kurz in kochendem Wasser zu blanchieren. Dann sind sie nicht ganz so hart und passen zu den weichen aufgetauten Früchten.*

Für 4 Portionen:

50 g Rucola

3 Selleriestangen

½ Salatgurke

1 Tomate

1 große reife Birne

gemischte frische Kräuter

Senf-Dressing

2 TL milden Senf

1 TL Honig

2 EL dunklem mildem Essig

4 EL Olivenöl

Rucola mit Birne

1. Rucola waschen, Stiele entfernen. Sellerie, Gurke und Tomate waschen und klein schneiden. Die Birne schälen und kleinschneiden.

2. Alle Zutaten in einer Schüssel mischen.

3. Für das Dressing Senf mit Honig, dunklem mildem Essig und Olivenöl verrühren. Über den Salat geben.

4. Frische Kräuter über den Salat streuen.

Pro Portion: 1 g E, 11 g Kh, 10 g F

Chicorée karamellisiert

1. Chicorée waschen, längs halbieren. In einer großen Pfanne im heißen Öl von jeder Seite etwa 4 Minuten anbraten. Mit Zucker, Salz und Chiliflocken überstreuen, wenden und bei geringer Hitzezufuhr noch einmal von jeder Seite 5 Minuten braten, bis er leicht gebräunt ist. Zwischendurch den Essig darüberträufeln.

2. Die Chicoréehälften auf einer Platte anrichten und mit den Walnusskernen bestreuen. Wenn der Chicorée kalt serviert werden soll, eventuell noch einmal etwas Balsamico darübersprühen.

Pro Portion: 3 g E, 9 g Kh, 11 g F

Tipps: *Chicorée punktet gesundheitlich vor allem in der Schlankheitsküche. 100 Gramm haben nur 16 Kilokalorien. Dafür ist er aber reich an Kalium, ein Mineralstoff, der als Gegenspieler von Natrium für einen ausgeglichenen Flüssigkeitshaushalt des Körpers sorgt.*

Bei kühler Lagerung bleibt Chicorée viele Tage lang frisch, und die Stangen erfordern kaum Putzarbeit. Die Blätter machen sich gut in jedem Blattsalat – auch in Kombination mit Früchten.

Für 4 Portionen:
500 g Chicorée
2–3 EL Rapsöl
2 EL Zucker
½ TL Salz
½ TL Chiliflocken
1 EL heller Balsamessig
40 g Walnusskerne (eine Handvoll)

Roquefort-Birnen-Salat

Für 4 Portionen:

100 g junger Spinat

30 g Butter

3 EL heller Balsamessig

1 TL Honig

2 feste Birnen

30 g Walnusskerne

Salz, Pfeffer

150 g Roquefort

1. Spinatblätter verlesen, waschen, trocken schleudern. Auf einer großen Salatplatte oder auf 4 Tellern verteilen.

2. Butter, Essig und Honig in einer Pfanne erwärmen. Birnen waschen, schälen, halbieren und längs in Scheiben schneiden. Mit den Walnusskernen in die Pfanne geben und unter vorsichtigem Wenden etwa 2 Minuten garen, bis die Früchte goldgelb glänzen.

3. Die karamellisierten Birnen und Nüsse auf dem Salatbett verteilen. Mit der Sauce aus der Pfanne beträufeln und noch etwas Salz und frisch gemahlenen Pfeffer darübergeben. Zum Schluss den zerkrümelten Roquefort über die Salatblätter streuen.

Pro Portion: 11 g E, 19 g Kh, 22 g F

Tipp: *Wenn Sie keinen jungen, zarten Spinat finden, nehmen Sie ersatzweise Feldsalat oder Rucola. Und falls keine geeigneten Birnen zu haben sind: Notfalls tun es auch Birnen aus der Dose.*

Pfannensalat
mit Parmesan-Crackern

Für 4 Portionen:

50 g Parmesan

1 TL Mehl (5 g)

300 g Blattsalate

2 Frühlingszwiebeln

1 EL heller Balsam- oder
Weißweinessig

2 TL Sent

1 TL Honig

Salz, Pfeffer

1–2 EL Raps- oder Olivenöl

100 g Frühstücksspeck

1 Knoblauchzehe

200 g Kirschtomaten

1. Frisch geriebenen Parmesan mit Mehl mischen, jeweils 1 EL voll in eine heiße beschichtete Pfanne geben, glatt streichen. Wenn die Masse fast vollständig geschmolzen ist und zu bräunen beginnt, Pfanne von der Hitze ziehen, etwas warten, Cracker herausheben, auskühlen lassen.

2. Salat in mundgerechte Stücke pflücken, waschen, trocknen. Frühlingszwiebeln waschen und in dünne Ringe schneiden. Aus Essig, Senf, Honig, Salz, Pfeffer und Öl eine Marinade rühren. Eventuell Kräuter wie Estragon unter den Salat heben.

3. Frühstücksspeck in feine Streifen schneiden, mit der gepellten Knoblauchzehe kross braten. Speck aus der Pfanne nehmen, auf Küchenpapier legen. So bleibt er kross und verliert Fett.

4. Gewaschene, halbierte Kirschtomaten in der noch heißen Pfanne im ausgelassenen Fett des Frühstücksspecks schwenken. Knoblauch entfernen. Zum Servieren die warmen Tomatenhälften über den Salat geben, den ebenfalls noch warmen, krossen Speck darauf anrichten, die Parmesan-Cracker dazu reichen.

Pro Portion: 8 g E, 3 g Kh, 24 g F

Tipps: *Geeignet sind alle etwas festeren Blattsalate wie Römer- und Eichblattsalat und die leicht bitteren Endiviengewächse (Radicchio, Eskariol, Chicorée).*

Größere Tomaten vierteln oder achteln, vor dem Erwärmen das Kerngehäuse entfernen.

Für 2 Portionen:

200 g Zuckerschoten

¼ kleine rote Chilischote

5 getrocknete Tomaten (in Öl)

1 kleiner EL Petersilie, gehackt

1 kleiner EL Basilikum, gehackt

2 EL Olivenöl

100 g cremiger Schafskäse

Tapenade

120 g schwarze entsteinte Oliven

2 EL Kapern

2 Anchovis

1 Knoblauchzehe

1–2 EL Olivenöl

Salz, Pfeffer

Zuckerschotensalat an Tapenade

1. Zuckerschoten in 200 ml kochendem Salzwasser 2 Minuten blanchieren, danach unter fließendem Wasser eiskalt abschrecken.

2. Die Chilischote entkernen und in feine Ringe schneiden, die Tomaten klein hacken. Aus Chili, Tomaten, gehackten Kräutern und Öl eine Sauce für den Käse rühren.

3. Für die Tapenade Oliven, Kapern, Anchovis, Knoblauch und Olivenöl in ein hohes Gefäß geben und mit einem Pürierstab zu einer Creme pürieren – oder im Mörser zerreiben. Eventuell mit Salz und Pfeffer abschmecken.

4. Die Zuckerschoten auf einen großen Teller geben. Mit einem Kaffeelöffel die Tapenade in kleinen Häufchen auf den Zuckerschoten verteilen. Den Schafskäse grob klein schneiden, dazulegen und alles mit dem Kräuteröl beträufeln. Dazu passt frisches Brot.

Pro Portion: 11 g E, 8 g Kh, 41 g F

Junger Zuckererbsen-salat mit Melone

1. Die Zuckerschoten waschen, die Enden jeweils abschneiden. Falls nötig, die Fäden abziehen. Die Schoten in kochendem Salzwasser etwa 3 Minuten ziehen lassen, dann herausnehmen und in einer mit kaltem Wasser und Eiswürfeln gefüllten Schüssel abschrecken, herausnehmen und gut abtropfen lassen.

2. Die halbe Melone entkernen, längs dritteln und das Fruchtfleisch von den Schalen lösen. Die Stücke in feine Streifen schneiden. Die abgekühlten Zuckerschoten mit den Melonenstücken auf einem großen Teller anrichten.

3. Für die Salatsauce Essig, Salz, Pfeffer und Öl verrühren und über die Salatzutaten träufeln.

4. Die Mandeln abspülen, trockentupfen und in dünne Scheiben schneiden.

5. Den Schnittlauch abspülen, trockenschwenken und in feine Röllchen schneiden. Den Salat mit Mandeln und Schnittlauch bestreuen.

Pro Portion: 6 g E, 21 g Kh, 9 g F

Tipps: *Tiefgefrorene Schoten sollten nur etwa 1 Minute in kochendem Wasser ziehen, danach sofort ins Eiswasser geben.*

Statt ganzer Mandeln können Sie auch Mandelblättchen verwenden und anstelle von Schnittlauch schmeckt auch frischer Kerbel sehr gut.

Für 4 Portionen:
500 g Zuckerschoten (junge Zuckererbsen)

½ Zuckermelone (z. B. Charentais)

Salatsauce
2–3 EL Obst- oder Himbeeressig

Salz

Pfeffer, frisch gemahlen

2 EL Pflanzenöl

zum Garnieren
30 g ungeschälte Mandeln

½ Bd. Schnittlauch

außerdem: Eiswürfel

⏱ 25 Min. + 15 Min.
🔥 349 kcal pro Portion

Spargel-Flusskrebs-Salat

Für 4 Portionen:

1 unbeh. Zitrone

Salz, Pfeffer

2 EL Zucker

1 TL Senf

8 EL Olivenöl

100 g frische, gepalte Erbsen (oder TK-Ware)

je 250 g weißer und grüner Spargel

300 g Flusskrebsfleisch (am besten beim Fischhändler vorbestellen)

1 Bd. Kerbel

½ Bd. Estragon

1. Zitrone abreiben und auspressen. Saft und Schale mit Salz, Pfeffer, Zucker, Senf, Öl und 50 ml heißem Wasser in einer kleinen Schüssel gut verrühren und beiseitestellen.

2. Erbsen ungefähr 3 Minuten in Salzwasser kochen. Sofort nach dem Kochen in kaltes Wasser geben, dann in einem Sieb abtropfen lassen.

3. Den weißen Spargel schälen, beim grünen die Enden abschneiden. Spargel etwa 12 Minuten in der Pfanne mit etwas Öl anbraten, mehrfach wenden, bis er weich wird. Den gebratenen Spargel in 3 bis 4 cm lange Stücke schneiden und noch warm auf den Tellern verteilen.

4. Das Flusskrebsfleisch ungefähr 1 Minute in einer Pfanne erwärmen.

5. Zunächst die Erbsen, dann das Flusskrebsfleisch auf dem Spargel verteilen. Kerbel und Estragon fein hacken, dabei einige Blätter zum Garnieren beiseitelegen, und mit der Sauce vermischen. Den warmen Salat mit der Sauce beträufeln. Mit Estragon und Kerbelblättchen garnieren und sofort servieren.

Pro Portion: 13 g E, 16 g Kh, 25 g F

Tipps: *Um dem Salat eine mediterrane Richtung zu geben, können Sie die Flusskrebse durch 20 geschälte und gegrillte Garnelen, den Kerbel durch Frühlingszwiebeln, den Estragon durch Basilikum oder die Zitrone durch eine Limone ersetzen.*

Kaufen Sie frische Flusskrebse am besten in der Saison, die von Juni bis Dezember geht. In der Laichzeit der Krebse dürfen ausschließlich die männlichen Exemplare verkauft werden. Beim Kauf von ganzen Flusskrebsen sollten Sie darauf achten, dass der Krebs mindestens 50 g wiegt, am besten um die 100 g, weil bei kleineren Tieren der Fleischanteil sehr gering ist.

☒ 10 Minuten
☒ 400 kcal pro Portion

Karamellisierter Ziegenkäse auf Wildkräutern

1. Backofen auf 200 °C Ober- und Unterhitze vorheizen. Ziegenkäse in vier Scheiben schneiden und auf ein mit Backpapier ausgelegtes Backblech legen. Mit den Nadeln vom Rosmarin- und den Blättern vom Thymianzweig bestreuen und mit 1½ TL Honig beträufeln. Für etwa 6 Minuten in den heißen Backofen auf die zweite Schiene von oben schieben.

2. Den Wildkräutersalat waschen und trocken schleudern. Die Blutorange teilen. Eine Hälfte filetieren, aus der anderen Hälfte Saft gewinnen.

3. Brühe, Essig, ½ TL Honig, Salz und Pfeffer mit den Ölen zu einem Dressing verrühren. Mit etwas Blutorangensaft abschmecken. Dressing in eine große Schüssel geben und vorsichtig den Salat unter das Dressing heben.

4. Salat auf Teller geben, den Ziegenkäse obenauf legen und die Orangenfilets außen herum verteilen. Dazu können Sie frisches Weißbrot servieren.

Pro Portion: 19 g E, 11 g Kh, 30 g F

Für 2 Portionen:

150 g schnittfester Ziegenkäse

1 Rosmarinzweig

1 Thymianzweig

2 TL Honig

70 g Wildkräuter-Salat-Mischung mit Blüten

1 Blutorange (oder normale Orange)

2½ EL Gemüsebrühe

1 EL milder Weißweinessig

Salz, Pfeffer

1 EL Haselnussöl (oder ein anderes aromatisches Öl)

1 EL neutrales Öl

⊠ 20 Min. + 60 Min.
⊡ 189 kcal pro Portion

Gegrillter Paprika-Austernpilz-Salat

Für 4 Portionen:

2 Knoblauchzehen

6 EL Olivenöl

2 EL Balsamico-Essig

2 TL mittelscharfer Senf

1 TL Thymian, getrocknet

½ TL Meersalz, grob

½ TL Pfeffer, grob gemahlen

250 g Austernpilze

je 2 rote und gelbe Paprika

½ Bd. glatte Petersilie

außerdem: 1 Gefrierbeutel

1. Den Knoblauch schälen und fein hacken. Olivenöl, Balsamico-Essig und Senf zu einer Vinaigrette verrühren, dann Knoblauch, Thymian, Salz und Pfeffer unterrühren.

2. Die Austernpilze waschen, in mundgerechte Stücke schneiden und in einer Schüssel oder einem Gefrierbeutel mit etwa der Hälfte der Vinaigrette für ungefähr 30 Minuten bei Zimmertemperatur marinieren.

3. Die Paprika im Ganzen für etwa 15 bis 20 Minuten im Backofen grillen. Dabei gelegentlich wenden, bis sie von allen Seiten schwarz werden, beiseite stellen. Dann die Austernpilze auf einem engen Rost oder in einer Pfanne rund 15 Minuten garen, dabei gelegentlich wenden.

4. Die Paprika häuten (siehe Tipp) und in mundgerechte Stücke schneiden, Petersilie hacken. Anschließend Austernpilze, Paprika und Petersilie in einer Schüssel mit der restlichen Vinaigrette vermengen und bei Zimmertemperatur servieren

Pro Portion: 4 g E, 8 g Kh, 15 g F

Tipps: *Legen Sie die Paprika nach dem Grillen in einen Gefrierbeutel und lassen Sie sie für etwa 10 Minuten ruhen. Durch den entweichenden Wasserdampf löst sich die Haut und lässt sich dann mit einem Küchenmesser leicht entfernen.*

Dieses Gericht lässt sich bequem am Vortag vorbereiten, etwa 1 Stunde vor dem Essen aus dem Kühlschrank nehmen, damit der Salat sein Aroma entfalten kann. Wie fast immer, passt das Pilzaroma dieses Salats gut zu Fleischgerichten, aber auch Vegetarier werden mit diesem Gericht rundum glücklich.

Löwenzahn an Bohnenpüree

⊠ 30 Min. + 12,5 Std.
⊡ 145 kcal pro Portion

1. Bohnen über Nacht einweichen, abgießen. In reichlich frischem Wasser etwa zwei Stunden sehr weich kochen. Nach 90 Minuten einen Stiel Rosmarin dazugeben. Wichtig: Kein Salz ins Wasser. Das verlängert die Garzeit, und die Bohnen lassen sich schlechter pürieren.

2. Wasser abgießen, Rosmarin entfernen, Bohnen mit Salz, Pfeffer, einer Knoblauchzehe und eventuell etwas Öl pürieren.

3. Löwenzahn waschen, Blätter vom Strunk abschneiden und blanchieren (ganz kurz überbrühen, dann eiskalt abschrecken). Löwenzahn mit dem Bohnenpüree auf Tellern anrichten.

4. In einer Pfanne Rapsöl erhitzen, 1 bis 2 Zehen fein geschnittenen Knoblauch darin anbräunen. Die Mischung über das Bohnenpüree geben.

Pro Portion: 8 g E, 14 g Kh, 7 g F

Für 4 Portionen:
150 g große weiße Bohnen, getrocknet (ersatzweise 400 g aus der Konserve)
1 Stiel Rosmarin
Salz, Pfeffer
3 EL Rapsöl
2–3 Knoblauchzehen
2 Bd. Löwenzahnblätter

Tipps: *Sehr große Bohnen ergeben ein cremigeres Püree als kleine. Für Eilige: Auch Dosenware eignet sich gut. Dann gehackte Rosmarinnadeln mit ein wenig Wasser und 1 EL Öl 5 Minuten köcheln, die Mixtur ins Püree geben. Frühlingsfrisch lichtgrün wird ein Püree aus frischen oder tiefgefrorenen Sau- oder Puffbohnen.*

Einen sättigenden Salat erhalten Sie, wenn Sie zum Löwenzahn gebratene Kartoffelschnitze, Tomatenachtel und gekochte Eier in Scheiben geben und mit einer Marinade aus 1 EL hellem Balsamessig, 1 TL körnigen Senf, ½ TL Honig und 3 EL Öl übergießen.

5

**SALATE AUS
ALLER WELT**

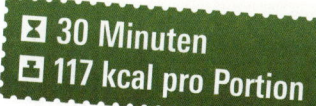
Zucchinisalat mit Knoblauch-Minzejoghurt

1. Die Zucchini waschen und die Enden abschneiden. Zucchini mit einer Küchenmaschine in feine Streifen hobeln.

2. Zwiebel und Knoblauchzehen schälen und fein hacken. Minze waschen, trocken schütteln und die Blättchen abzupfen. Minze grob hacken.

3. Joghurt mit dem Öl und dem Zitronensaft verrühren. Mit Salz, Pfeffer und Tabasco abschmecken.

4. Zucchinihobel, Zwiebel und Knoblauch in eine Schüssel geben, das Dressing hinzugeben und alles gut vermischen. Die gehackte Minze unter den Salat heben.

Für 4 Portionen:
500 g Zucchini
1 Zwiebel
2 Knoblauchzehen
1 Bd. Minze
300 ml Joghurt natur 1,5 % Fett
2 EL Leinöl
1 EL Zitronensaft
Salz, Pfeffer, Tabasco

Pro Portion: 7 g F, 8 g Kh, 6 g E

Tipp: *Wenn Sie Salat übrig haben sollten, geben Sie diesen einfach in einen Mixer und machen eine Suppe daraus – die kalt oder warm sehr gut schmeckt.*

Variante: *Die Minze können Sie gegen Petersilie oder Dill tauschen.*

Griechischer Salat

Für 4 Portionen:

400 g Tomaten

1 Salatgurke

1 Gemüsezwiebel

1 kleiner Eisbergsalat

8 sauer eingelegte Peperoni

20 grüne Oliven

200 g fettarmer Feta

4 EL Zitronensaft

3 EL Olivenöl

Salz, Pfeffer

1. Tomaten waschen, halbieren, den Stielansatz entfernen und achteln. Die Gurke waschen, längs vierteln und in fingerdicke Stücke schneiden. Die Zwiebel schälen, vierteln und in Ringe schneiden. Den Salat waschen, halbieren und grob zerkleinern.

2. Die Peperoni ganz lassen, aber den Stielansatz entfernen. Das Gemüse mit den Oliven in einer Schüssel mischen.

3. Den Feta würfeln und dazugeben. Zitronensaft mit dem Olivenöl, Salz und Pfeffer mischen.

4. Kurz vor dem Essen das Dressing in den Salat geben und gut durchmischen. Dazu schmecken ein paar Scheiben des Olivenbrotes.

Pro Portion: 17 g E, 12 g Kh, 18 g F

Variante: *Statt der eingelegten Peperoni schmeckt auch frische Paprika. Die Oliven können Sie gegen sechs gehackte Walnüsse ersetzen. So bekommen Sie eine Portion gesunder Fettsäuren, die Herz und Gefäße schützen. Statt Feta schmeckt Thunfisch naturell aus der Dose.*

Salat la Fontaine

1. Salat, Basilikum und Gemüse abspülen, eventuell schälen, Salat-blätter und das Basilikum trocken tupfen. Paprika und Fenchel in Streifen schneiden, Möhre und Sellerie in dünne Scheiben, ebenso die Frühlingszwiebeln. Die Tomaten halbieren.

2. Für die Sauce in einer großen Schüssel den Essig mit Sardellenpaste mischen, pfeffern, aber nicht salzen. Eine geschälte Knoblauchzehe hineindrücken. Die festen Gemüse (Möhre, Sellerie, Paprika, Fenchel, Frühlingszwiebeln) in die Schüssel geben und gut mit der Sauce vermengen, bis alles benetzt ist.

3. Dann die Radicchioblätter zerteilen und untermischen. Probieren, eventuell noch 1 EL Essig dazugeben. Zum Schluss die empfindlichen Blätter, hier Rucola und Basilikum, untermengen. Wenn jedes Blatt benetzt ist, vorsichtig das Öl untermischen, ebenso die halbierten Tomaten.

Pro Portion: 3 g E, 7 g Kh, 5 g F

Tipp: *Für ganz feine Salate nehmen Sie statt Essig sehr wenig kräfti-gen Rotwein. Selleriestangen entfädeln Sie so: Von innen anschneiden, in 2 oder 3 Teile brechen, die sichtbar werdenden Fäden abziehen.*

Für 4 Portionen:
4 Radicchioblätter
50–80 g Rucola
2 Stiele Basilikum
½ Paprikaschote
1 kleine Möhre
1 Selleriestange
1–2 Blätter von der Fenchelknolle
2 Frühlingszwiebeln
200 g Kirschtomaten
2–3 EL Rotweinessig oder dunkler Balsamico
1 TL Sardellenpaste
Pfeffer
1 große Knoblauchzehe
2 EL Olivenöl

Insalata di Melanzane

Für 4 Portionen:

1 große Aubergine (etwa 400 g)

1 EL Zitronensaft

4–8 Knoblauchzehen
(nach Geschmack)

1 kleine Peperonischote
(ersatzweise Chiliflocken)

10 schwarze Oliven ohne Stein

4 EL Olivenöl

Salz, Pfeffer

1. Aubergine waschen, mit einer Gabel mehrfach einstechen. In der Backröhre in 20 bis 30 Minuten bei 200 °C oder in der Mikrowelle in wenigen Minuten weich garen, etwas abkühlen lassen.

2. Das Auberginenfleisch aus der Schale lösen, zusammen mit dem Zitronensaft (er verhindert das Braunwerden des hellen Fleischs) mit einem großen, schweren Messer in Würfel hacken. Knoblauch und Peperonischote putzen, sehr fein hacken, ebenso die Oliven. Alles mit den Auberginenwürfeln und dem Olivenöl verrühren. Mit Salz und Pfeffer abschmecken.

Pro Portion: 2 g E, 6 g Kh, 12 g F

Tipp: *Auberginensalat können Sie vielfach variieren: Anstelle von Oliven schmecken auch fein gehackte getrocknete Tomaten im Auberginensalat. Kalorisch üppiger wird es, wenn zerbröckelter Schafskäse dazukommt. Eine leicht süße, orientalische Version des Salats: Würzen Sie das gehackte Fruchtfleisch mit Sesamöl, 5 EL Orangensaft, etwas geriebener Orangenschale, 1 EL Honig, einigen Chiliflocken und geben Sie ein paar Sultaninen dazu.*

Toskanischer Brotsalat

1. Das Brot in große Würfel schneiden. Knoblauchzehen schälen und sehr fein würfeln oder raspeln. Thymian-Blättchen abzupfen, fein hacken. Die Cocktailtomaten halbieren, Salatgurke schälen und halbieren, falls nötig Kerne herauskratzen, in grobe Würfel schneiden. Zwiebeln schälen und in dünne Ringe schneiden, Büffelmozzarella würfeln. Basilikum-Blätter zum Garnieren abzupfen eventuell klein schneiden.

2. Backofen auf 200 °C vorheizen. Brot auf dem Backblech verteilen, 2 EL Olivenöl darüberträufeln. In etwa 10–12 Minuten knusprig rösten. Dabei immer wieder nachschauen, eventuell wenden und Öl nachgeben. Herausnehmen und gut auskühlen lassen.

3. Knoblauch mit 6 EL Balsamessig, Salz, Thymian-blättern und grobem Pfeffer mischen. Die Tomaten, Gurken und Zwiebeln in eine Schüssel geben, die Marinade mit 10 EL Olivenöl vermischen und darübergießen. Alles im Kühlschrank etwa 30 Minuten durchziehen lassen.

4. Ein Drittel der Brotwürfel unter das Gemüse heben, alles eine weitere Stunde im Kühlschrank marinieren.

5. Mit dem Büffelmozzarella und den restlichen Brotstücken anrichten, mit Basilikum garnieren.

Tipps: *Geeignet sind Baguette, Ciabatta und ähnliche Sorten. Das Brot soll trocken, aber nicht hart sein. Je besser die Qualität, desto besser der Salat.*

Gut geeignet sind Feldgurken. Es gibt sie nur im Sommer. Ihr Geschmack ist intensiver als der von normalen Salatgurken.

Den Salat als Vorspeise oder Snack servieren? Halbieren Sie die Mengen.

Für 6 Portionen:

2 Stangen helles Brot vom Vortag

2 Knoblauchzehen

6 Zweige Thymian

600 g Cocktailtomaten

1 Salatgurke (Feldgurken)

2 rote Zwiebeln

500 g Büffelmozzarella

1 Bd. Basilikum

außerdem: Olivenöl, dunkler Balsamessig, Salz, grob gemahlener Pfeffer

Pro Portion: 42 g E, 70 g Kh, 78 g F

Früchtesalat exotisch und gepfeffert

Für 4 Portionen:

1 Mangofrucht (nicht zu weich)

1 feste Birne

1 große Kakifrucht

2 Orangen

1 Endivien- oder Römersalat

2 EL rosa Pfefferkörner

3 EL Walnussöl oder Kürbiskernöl

1 EL Zitronensaft

1–2 TL Blütenhonig

Salz

1. Mango, Birne und Kaki dünn schälen. Von der Kaki das untere grüne Ende großzügig wegschneiden, dann die Frucht längs in dünne Scheiben schneiden. Die Mango ebenfalls längs in Scheiben schneiden, dabei unansehnliche Stücke beiseitelegen. Von der Birne rund um das Kerngehäuse längliche Scheiben abschneiden.

2. Die Orangen sehr dick schälen, alles Weiße dabei entfernen, dann quer in Scheiben schneiden. Den dabei austretenden Saft über die anderen Früchte geben. Salat waschen, trocknen und eine große Platte damit auslegen, alle Fruchtscheiben darauf dekorativ anrichten und mit den leicht zerquetschten rosa Pfefferkörnern bestreuen.

3. Aus Öl, Zitronensaft, Salz und Honig eine Marinade bereiten. In eine kleine Karaffe füllen und bei Tisch zum Früchtesalat reichen.

Pro Portion: 1 g E, 14 g Kh, 7 g F

Tipps: *Sie können für den Salat auch andere Früchte und Fruchtkombinationen wählen. Ananas, Papaya, Kiwi eignen sich gut. Und ein Apfel darf allemal daruntergemischt werden.*

Sehr attraktiv und schmackhaft: Streuen Sie anstelle von rosa Pfeffer Granatapfelkerne über die Früchte. Zu bedenken ist allerdings, dass manche Menschen ungern Granatapfelkerne herunterschlucken. Zu dieser Kombination passt statt der Marinade gut auch geschlagene Sahne.

⊠ 10 Minuten
⊠ 170 kcal pro Portion

Italienischer Spieß

Für 4 Cocktailspieße (ca. 20 cm):

2 Scheiben Toast

2 TL rotes Pesto

8 Cherry-Tomaten

8 schwarze Oliven, entsteint

4 Stiele frischer Basilikum

1 Mozzarellakugel

1. Das Brot entrinden, mit Pesto bestreichen, in 12 kleine Stücke (Kantenlänge etwa 2 cm) schneiden. Tomaten und Basilikumblätter abspülen, trockentupfen.

2. Die Mozzarellakugel vierteln, in je 3 Scheiben schneiden. Pro Spieß 3 Scheiben mit je einem Basilikumblatt umwickelt abwechselnd aufstecken, dazwischen je 2 Tomaten und Oliven sowie 3 Brotstücke.

Pro Portion: 8 g E, 9 g Kh, 11 g F

Pfirsisch-Sprossen-Salat

1. Den Römersalat putzen, waschen, den Strunk entfernen. Vom Salatkopf die äußeren derben Blätter entfernen, das Salatherz heraustrennen, waschen und trockenschwenken. Den Salat einmal längs halbieren und die Hälften zwei- bis dreimal schräg schneiden.

2. Die Sprossen auf einem Sieb abbrausen und abtropfen lassen. Die Pfirsiche mit kochendem Wasser übergießen, herausnehmen, kalt abschrecken, häuten und vom Stein in feine Spalten schneiden. Apfelsaft, Apfelessig, Salz und Pfeffer verrühren; das Rapsöl tropfenweise einrühren. Den Salat, die Sprossen, die Sultaninen und einen Teil der Pfirsichspalten mit der Hälfte der Salatsauce mischen.

3. Die Zitronenmelisse abbrausen, trockenschwenken, die Blätter in Streifen schneiden.

4. Zum Servieren die beiseitegelegten Pfirsichspalten auf dem Salat anrichten, die Haselnusskerne und die Zitronenmelisse darüber geben und mit restlicher Salatsauce beträufeln.

Pro Portion: 4 g E, 19 g Kh, 13 g F

Für 4 Portionen:

1 Römersalat (450 g)

100 g Sprossen
(z. B. Sojasprossen oder selbst gezogene Alfalfasprossen)

400 g feste Pfirsiche

50 g Haselnusskerne,
blättrig geschnitten

Salatsauce

75 ml Apfelsaft

3 EL Apfelessig

Salz, Pfeffer aus der Mühle

2 EL Rapsöl

25 g Sultaninen

1 Stiel Zitronenmelisse

15 Minuten
105 kcal pro Portion

Marokkanischer Karottensalat

Für 4 Portionen:

500 g Karotten

Salz, Zucker, Pfeffer

2 EL Olivenöl

1 Zitrone

1 Prise scharfer Paprika

½ TL Kreuzkümmel, gemahlen

1–2 Knoblauchzehen

1–2 Stiele Koriander (oder Petersilie), nach Wunsch auch mehr

1. Karotten schälen und schräg in ovale Scheiben schneiden, etwa 3 mm dick. Mit 1 TL Salz und 1 Prise Zucker in 1,5 l Wasser etwa 3 Minuten bissfest kochen. Abgießen.

2. Olivenöl mit 1 EL Zitronensaft und eventuell 1 EL Wasser zu einer Vinaigrette mischen. Mit Salz, Pfeffer, Paprika und Kreuzkümmel würzen und über die Möhren geben.

3. Je nach Geschmack 1 bis 2 Knoblauchzehen in den Salat pressen, untermengen, gut durchziehen lassen.

4. Koriander waschen, trocken schütteln, die Blättchen grob hacken und mit den Möhren vermengen.

Pro Portion: 1 g E, 7 g Kh, 8 g F

Variante: *Und so geht's mit rohen Karotten: 500 g grob reiben. Saft einer Zitrone mit 2 EL Öl und ½ TL Kreuzkümmel darübergeben, eventuell etwas Zucker dazu. Mindestens 30 Minuten marinieren, mit reichlich gehackter Petersilie oder Koriander servieren.*

Panzanella

1. Brot in dünne Scheiben schneiden, in mundgerechte Stücke zerteilen. Im Ofen bei 150 °C etwa 5 Minuten leicht bräunen.

2. Kräuter und Gemüse waschen. Gurke schälen, entkernen und würfeln, Paprika entkernen und in Streifen schneiden, Tomaten achteln, Sellerie und Zwiebeln in dünne Scheiben schneiden. Alles in einer großen Schüssel mischen, gezupftes Basilikum und gehackte Petersilie darübergeben.

3. Essig, Olivenöl, gepresste Knoblauchzehen, Salz und Pfeffer zu einem cremigen Dressing mischen, unter den Salat heben. Brot untermischen, 15 Minuten ziehen lassen. Eventuell Parmesan darüberhobeln.

Pro Portion: 9 g E, 42 g Kh, 14 g F

Tipps: *Nicht nur gehobelter Parmesan über dem Salat macht sich gut. Durchforsten Sie Ihren Vorrat nach weiteren Zutaten wie Oliven, Kapernäpfeln oder Sardellenfilets.*

Grau- statt Weißbrot setzt einen eigenen Akzent. Aromatischer – und kalorienreicher – wird der Salat, wenn Sie das Brot von beiden Seiten mit etwas Öl in einer Pfanne anrösten.

Für 4 Portionen:
250 g großporiges Weißbrot (am besten vom Vortag)
1 Salatgurke
1 gelbe Paprika
750 g Tomaten
3 kleine Stangen Sellerie
2 rote Zwiebeln
1 Bd. Basilikum
1 Bd. Petersilie
3 EL milder Essig
3 EL Olivenöl
4 Knoblauchzehen
Salz, Pfeffer
evtl. Parmesan

6

SALAT-
KLASSIKER

Eiersalat

1. Die Eier in kochendem Wasser 8 Minuten hart kochen und ab-kühlen lassen. Den Rucola waschen, verlesen und grob hacken.

2. Senf mit dem Rapsöl cremig rühren, Joghurt, Salz und Pfeffer unterziehen.

3. Die Gurken in kleine Würfel schneiden. Den Apfel waschen, vierteln und grob raspeln und beides unter den Joghurt ziehen.

4. Die Eier pellen und in Achtel teilen, 6 schöne Achtel beiseite-legen, die restlichen unterziehen. Kurz vor dem Essen den Rucola zugeben und abschmecken. Eierachtel darauf anrichten.

Pro Portion: 12 g E, 8 g Kh, 14 g F

Varianten: *Statt Rucola schmeckt auch 1 Bund Schnittlauch. Wer mag, kann den Apfel auch durch 1 Birne oder 2 gewürfelte Tomaten ersetzen.*

Für 4 Portionen:
4 Eier
100 g Rucola oder Endiviensalat
2 EL milder Senf
2 EL Rapsöl
150 g Joghurt (1,5 % Fett)
Salz, Pfeffer
1–2 Spreewaldgurken
1 mürber Apfel (100 g)

⊠ 15 Minuten
⊠ 140 kcal pro Portion

Der ultimative Tomatensalat

1. Schalotte und Knoblauchzehe häuten und sehr fein hacken. Die Tomaten waschen, trocknen und quer halbieren, so dass man mit einem kleinen Löffel die Kerne samt Tomatenflüssigkeit herauslösen kann: Kerne plus Flüssigkeit mit Essig, Olivenöl, der Schalotte und der Knoblauchzehe zu einer Vinaigrette mischen, nach Wunsch auch Dijonsenf dazugeben. Mit 1 Prise Zucker, etwas Salz und Pfeffer abschmecken.

2. Die entkernten Tomaten in mundgerechte Stücke schneiden, vorher den Strunk entfernen. Je nach Geschmack auch halbgetrocknete, klein gewürfelte Tomaten untermischen. Soviel Tomatenvinaigrette wie gewünscht unter den Salat mischen, den Rest aufheben. Zum Schluss klein geschnittene Basilikumblätter über den Salat streuen.

Pro Portion: 2 g E, 5 g Kh, 8 g F

Tipp: *Die restliche Vinaigrette macht sich gut zu Fisch und Fleisch. Man kann auch 1 bis 2 Teelöffel getrockneten Thymian oder Oregano untermischen.*

Für 4 Portionen:

1 Schalotte

1 Knoblauchzehe

500 g feste reife Tomaten, mittelgroß

1 EL Rotwein- oder Sherryessig

1–2 EL Olivenöl

1 TL körniger Dijonsenf (optional)

Salz, Pfeffer, Zucker

50 g halbgetrocknete Tomaten (optional)

2–3 Stiele Basilikum

Löwenzahnsalat

Für 4 Portionen:

4 kleine Kartoffeln, 200 g

1 Knoblauchzehe

1 Fleischtomate

250 g Löwenzahn

Salatmarinade

1 EL weißer Balsamessig

1 TL körniger Senf

½ TL Honig

1 knappe Prise Salz

Pfeffer, frisch gemahlen

3 EL Pflanzenöl

außerdem

2 Eier (Kl. M), hart gekocht

1 EL Butterschmalz

1. Die Kartoffeln gründlich waschen und ungeschält in einem Topf in Salzwasser garen.

2. Die Knoblauchzehe abziehen. Die Tomate abspülen, trockentupfen, vierteln, dabei die Stielansätze entfernen. Die Tomate entkernen. Die Tomatenstücke in dünne Streifen schneiden.

3. Die Löwenzahnblätter verlesen, die dicken Stielenden entfernen, die Löwenzahnblätter von den Stielen zupfen, eventuell noch klein schneiden.

4. Das Kartoffelwasser abgießen, Kartoffeln trockendämpfen, abkühlen lassen, pellen und würfeln.

5. Balsamessig, körnigen Senf und Honig in einer Schüssel mischen, Salz und Pfeffer zufügen und so lange rühren, bis sich das Salz aufgelöst hat. Das Öl strahlförmig einrühren.

6. Die hart gekochten Eier achteln oder würfeln.

7. Das Butterschmalz in einer Pfanne erhitzen, die Kartoffeln und die Knoblauchzehe darin unter Wenden hellgelb anbraten. Lauwarm in eine Schüssel geben, die Tomatenstreifen zugeben, zwei Drittel der Marinade darüber gießen, alles mischen und die Löwenzahnblätter unterheben, die Eistücke auf dem Salat verteilen, restliche Marinade darüber träufeln.

Pro Portion: 6 g E, 14 g Kh, 13 g F

Tipps: *Statt der 3 Esslöffel Pflanzenöl: 2 Esslöffel Pflanzenöl und 1 Esslöffel Nuss- oder Kürbiskernöl.*

Löwenzahnblätter lassen sich durch Rucola austauschen.

Statt Balsamessig schmeckt dazu auch Himbeeressig oder Weinessig.

Krautsalat

Für 4 Portionen:

400 g Spitzkohl oder Weißkohl	
1 Zwiebel	
150 ml Gemüsebrühe	
2 EL Rapsöl	
1 EL Essig	
1 TL Senf	
Salz, Pfeffer	

1. Den Spitzkohl waschen, den harten Strunk entfernen und in schmale Streifen schneiden. Zwiebel schälen, halbieren und würfeln.

2. Zwiebeln in einer beschichteten Pfanne in Öl glasig dünsten, mit Brühe ablöschen und vom Herd nehmen. Essig und Senf zugeben und mit Pfeffer und Salz würzen.

3. Die Vinaigrette über das Kraut geben und kurz durchziehen lassen.

Pro Portion: 2 g E, 4 g Kh, 6 g F

Variante: *Rote Paprikawürfel oder ein geraspelter Apfel dazugeben.*

Feldsalat mit Möhren

1. Die Möhren putzen, waschen, schälen und in sehr feine Streifen schneiden oder grob raspeln.

2. Den Feldsalat verlesen, die kleinen Wurzeln entfernen, den Salat gründlich waschen, gut abtropfen lassen oder trockenschleudern. Mit den Möhren mischen. Das Ei würfeln.

3. Für die Salatsauce Essig, Senf, Gewürze und Öl verrühren und mit den Eiwürfeln unter den Salat heben. Zum Servieren mit Walnusshälften anrichten.

Pro Portion: 4 g E, 4 g Kh, 7 g F

Tipp: *Passt besonders gut zu Pilzen.*

Für 4 Portionen:

Salat

200 g Möhren

250 g Feldsalat

1 Ei (Kl. M), hart gekocht

Salatsauce

1 Spritzer Balsamessig

1 TL Dijonsenf

Salz, Pfeffer aus der Mühle

1 EL Sesamöl

4–6 Walnusshälften

10 Minuten
192 kcal pro Portion

Tomaten-Thymian-Salat

Für 2 Portionen:

- 300 g reife Kirschtomaten
- 1 rote Zwiebel
- 1 Knoblauchzehe
- 5 getrocknete Tomaten (in Öl)
- 50 g Friséesalat
- 1–2 EL Olivenöl
- 1 TL milder Weißweinessig
- Salz, Pfeffer
- 1 TL frischer Thymian, gerebelt

1. Kirschtomaten waschen und halbieren, in eine flache Schüssel geben. Zwiebel und Knoblauch schälen und in ganz feine Ringe beziehungsweise Scheiben schneiden, dazugeben. Die getrockneten Tomaten in dünne Streifen schneiden und etwas vom Tomaten-Öl hinzufügen. Den Friséesalat waschen und zupfen. Auf den Tomaten verteilen.

2. Olivenöl und Essig über den Salat träufeln, mit Salz und Pfeffer würzen. Zum Schluss den Thymian unter den Salat heben, noch mal abschmecken. Dazu frisches Brot reichen.

Pro Portion: 2 g E, 7 g Kh, 17 g F

Variationen: *Statt normalem Thymian geht auch Zitronenthymian oder ganz klassisch: frischer Basilikum.*

⏱ 20 Min. + 35 Min.
🔥 418 kcal pro Portion

Hafersalat

1. Die Haferkörner in einem Topf ohne Öl kurz anrösten, bis sie anfangen zu duften. 600 ml Wasser angießen, salzen und zugedeckt etwa 35 Minuten köcheln lassen – ab und zu umrühren. Eventuell Wasser nachgießen. Oder 20 Minuten im Schnellkochtopf Stufe 2 garen. Dann abkühlen lassen.

2. Von den Frühlingszwiebeln die Wurzeln entfernen und in feine Streifen schneiden. Tomaten waschen, Strunk entfernen und wie den Feta klein würfeln. Rucola waschen, Blätter in kleine Stücke schneiden. Paprika waschen, entkernen und klein würfeln.

3. Zitronenschale abreiben, Saft auspressen. Die Schale in einer großen Schüssel mit Honig und Senf mischen, Öl zugeben und mit Zitronensaft, Salz und Pfeffer abschmecken. Gemüse und Hafer in die Vinaigrette geben, alles gut vermischen, abschmecken und servieren.

Pro Portion: 14 g E, 40 g Kh, 22 g F

Für 4 Portionen:
200 g Haferkörner
1 Bd. Frühlingszwiebeln
300 g Tomaten
100 g Feta
1 Bd. Rucola
1 gelbe Paprika
½ unbeh. Zitrone
1 TL Honig
1 TL Senf
4 EL Olivenöl
Salz, Pfeffer

⏳ 10 Min. + 10 Std.
🔥 265 kcal pro Portion

Für 4 Portionen:

350 g Käferbohnen
(oder andere Bohnenkerne)

400 g Salatblätter
(gemischt oder etwa 1 Kopf)

300 g Ziegenfrischkäse

Kernöldressing

70 ml Kürbiskernöl

1 EL Essig

1 EL Wasser

je ½ TL Salz, Senf und Honig

Steirersalat

1. 100 g Bohnen über Nacht in reichlich kaltem Wasser einweichen.

2. Die eingeweichten Bohnen in reichlich Salzwasser etwa 2 Stunden kochen, abgießen und auskühlen lassen.

3. Ziegenfrischkäse mit einem Löffel zu Nocken formen.

4. Verrühren Sie 70 ml Kürbiskernöl mit je 1 EL Essig und Wasser und würzen mit je ½ TL Salz, Senf und Honig. Über die Salatblätter geben.

5. Den Salat auf die Teller verteilen, die Käferbohnen darüberstreuen und mit den Käsenocken servieren.

Pro Portion: 20 g E, 13 g Kh, 15 g F

Winterlicher Fenchelsalat

1. Den Fenchel putzen, wenn nötig Fäden aus der äußeren Schale entfernen, das zarte Grün beiseitelegen, grobes Grün und dicke Stiele entfernen.

2. Die Zwiebel schälen. Fenchel und Zwiebel auf dem Gurkenhobel in dünne Scheiben hobeln.

3. Die Orange filieren: Dafür zuerst oben und unten quer eine Kappe abschneiden, dann mit einem scharfen Messer die Schale so abschneiden, dass auch die weiße Haut darunter entfernt wird. Jetzt kann man die Filets keilförmig aus den Häuten lösen. Über einer Schüssel arbeiten, um den heraustropfenden Saft aufzufangen. Diesen mit Salz, Pfeffer, Essig und Öl mit einer Gabel oder dem Schneebesen cremig aufschlagen.

4. Chicorée ebenfalls putzen, quer in schmale Streifen schneiden, welke äußere Blätter entfernen. Und die Rucolablätter verlesen, gründlich waschen, dabei lange Stiele abknipsen.

5. Alle Salatzutaten in einer Schüssel mischen, dabei mit der Marinade beträufeln. Nicht mehr durchziehen lassen, sondern sofort servieren.

Pro Portion: 2 g E, 7 g Kh, 5 g F

Für 2 bis 4 Portionen:

1 Fenchelknolle

1 rote Zwiebel

1 Blutorange11,94 mm

Salz, Pfeffer

2 EL leichter Apfelessig

2–3 EL Olivenöl

1–2 Chicoréekolben

2 Handvoll Rucolablätter

⊠ 15 Min. + 9 Std.
⊠ 216 kcal pro Portion

Für 4 Portionen:

150 g getrocknete weiße Bohnen
oder 375 g gekochte
weiße Bohnen (Dose)

1 Lorbeerblatt

100 g Trockenpflaumen

3 EL Balsamessig

Pfeffer, Salz

1 EL scharfer Senf

100 g Radicchio oder Feldsalat

50 g Frühstücksspeck
in Scheiben

2 EL Rapsöl

Weißer Bohnensalat

1. Bohnen und Lorbeerblatt mit 600 ml Wasser bedecken und über Nacht einweichen. In diesem Wasser die Bohnen zum Kochen bringen und ungefähr 1 Stunde garen, bis sie weich sind.

2. Pflaumen in Würfelchen hacken. Mit Essig und Öl, Pfeffer, Salz und Senf unter die noch warmen Bohnen ziehen und abkühlen lassen.

3. Salat putzen und waschen, Radicchio in feine Streifen schneiden. Speck quer in schmale Streifen schneiden und im Rapsöl langsam knusprig ausbraten, ohne das er zu dunkel wird.

4. Blattsalat unter die Bohnen ziehen, abschmecken und Speckstückchen samt Öl über dem Salat verteilen.

Pro Portion: 11 g E, 26 g Kh, 7 g F

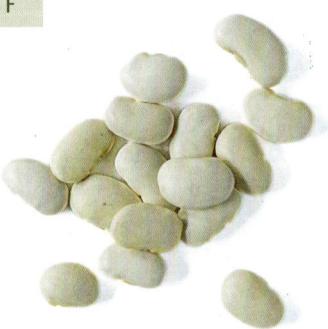

Tipp: *Beim Kochen der Bohnen kein Salz und keine Säure zugeben, da sie sonst nicht weich werden.*

Spargelsalat

1. Den Spargel putzen, waschen, trockentupfen und die holzigen Enden entfernen. Den weißen Spargel schälen. Die Spargelstangen in etwa 5 cm lange Stücke schneiden. Die Spargelköpfe beiseite legen.

2. Die Frühlingszwiebeln putzen, waschen, trockentupfen. Die dunkelgrünen Spitzen und Wurzelenden abschneiden. Je nach Größe die Frühlingszwiebeln längs halbieren. Den weißen Teil in feine Scheiben schneiden. Den grünen Teil zur Hälfte anderweitig verwenden.

3. Das Pflanzenöl in einer großen Pfanne erhitzen, Honig darin schmelzen lassen. Die Spargelstücke (nicht die Köpfe) zugeben und 2 bis 3 Minuten bei mittlerer Hitze unter Wenden anbraten, die weißen Frühlingszwiebelstücke zufügen und weitere 2 Minuten dünsten.

4. Senf, Zitronensaft, die Hälfte der grünen Frühlingszwiebelstücke und die Spargelköpfe zufügen, mit Salz und Pfeffer würzen und noch 1 bis 2 Minuten, je nach Dicke der Spargelstücke, zugedeckt fertig garen. Der Spargel sollte noch bissfest sein.

Pro Portion: 3 g E, 12 g Kh, 4 g F

Tipp: *Wer den Spargel weicher mag, kann ihn weitere 3 Minuten garen.*

Für 4 Portionen:
1 kg Spargel (weißer und grüner gemischt)
1 Bd. Frühlingszwiebeln
1–2 EL Pflanzenöl
1 EL Honig
1 TL mittelscharfer Senf
2 EL Zitronensaft
1 Bd. Dill
Salz, Pfeffer aus der Mühle

⏱ 15 Minuten
◧ 522 kcal pro Portion

Tomaten-Zucchini-Salat

Für 4 Portionen:

2 mittelgroße Zucchini

1 mittelgroße Aubergine

4–5 EL Olivenöl

4 Knoblauchzehen

3 Rosmarinzweige

Salz, Pfeffer

3 reife mittelgroße Tomaten

250 g Mozzarella

12 dünne Scheiben Baguette

100 g Friséesalat

einige Basilikumblätter

6 EL Basilikumpesto

4 getrocknete Tomaten (in Öl)

Aceto balsamico

1. Zucchini und Aubergine waschen, in 1 cm dünne Scheiben schneiden. In einer großen Pfanne 1 EL Olivenöl erhitzen und Gemüsescheiben von jeder Seite 1 bis 2 Minuten scharf anbraten. Immer nur so viele Scheiben in die Pfanne geben, dass keine auf der anderen liegt, den Vorgang daher etwa dreimal wiederholen, je 1 geschälte Knoblauchzehe und 1 Rosmarinzweig dazugeben, mit Salz und Pfeffer würzen. Auf flachen Tellern abkühlen lassen.

2. Tomaten und Mozzarella in dünne Scheiben schneiden. Baguette toasten, Knoblauchzehe darüberreiben. Auf 4 großen Tellern zuerst den gewaschenen und trocken geschleuderten Friséesalat, dann abwechselnd frische Basilikumblätter, Zucchini, Auberginen, Tomaten, Mozzarella, Pesto und Baguettescheiben aufeinanderschichten. Immer wieder mal mit einer Prise Salz und Pfeffer würzen. Zum Schluss mit klein gewürfelten getrockneten Tomaten bestreuen und mit Aceto balsamico beträufeln.

Pro Portion: 18 g E, 25 g Kh, 37 g F

Endivien-Rotkraut-Salat

1. Den Rotkohl waschen, trockentupfen und vierteln oder achteln. Das Strunkende keilförmig entfernen. Die Kohlstücke quer in dünne Streifen schneiden oder fein hobeln.

2. Endivie putzen, abbrausen, trockentupfen, vierteln oder halbieren und quer in dünne Streifen schneiden. Mit den Rotkrautstreifen mischen.

3. Für die Sauce das Salz mit Ahornsirup, Macispulver, Fenchel, Zitronensaft, geriebenem Meerrettich und Joghurt verrühren.

4. Die Sahne steif schlagen, vorsichtig mit der Sauce mischen und unter den Salat heben. Sofort servieren.

Pro Portion: 2 g E, 6 g Kh, 5 g F

Tipps: *Für Salat die inneren Teile des Eskariol verwenden, die äußeren Blätter können Sie als Gemüse dünsten.*

Statt des Endiviensalats kann auch anderer Salat verwendet werden, z. B. Radicchio oder Chicorée.

Für 4 Portionen:

Salat

300 g Rotkohl (Rotkraut)

200 g Endivie (Eskariol oder Frisée)

Sauce

½ TL Salz

2 TL Ahornsirup

je 1 Msp. Macispulver (gemahlene Muskatblüte) und gemahlenen Fenchelsamen

2 EL Zitronensaft

2 EL frischen Meerrettich, ersatzweise aus dem Glas

2 EL Joghurt, 3,5 % Fett

6 EL Schlagsahne

Salat von grünen Bohnen und getrockneten Tomaten

Für 2 Portionen:

600 g Prinzessbohnen
(frisch oder tiefgekühlt)

3 Schalotten

2 Knoblauchzehen

10 getrocknete Tomaten (in Öl)

2 Thymianzweige

1 Zitrone

3 EL Olivenöl

1 EL Petersilie, gehackt

Salz, Pfeffer

1. Wasser im Wasserkocher vorkochen. Frische Bohnen putzen, tiefgekühlte antauen lassen. Wasser in einen Topf geben, salzen und Bohnen in etwa 10 Minuten garen. Eiskalt abschrecken und in eine Schüssel geben.

2. Schalotten und Knoblauch schälen und in feine Scheiben beziehungsweise Ringe schneiden. Getrocknete Tomaten in möglichst feine Streifen schneiden. Die Blätter der Thymianzweige von oben nach unten abstreifen. Zitrone auspressen. Alles mit Olivenöl vermischen, Petersilie hinzufügen und mit Salz und Pfeffer abschmecken. Unter die Bohnen heben, nochmals abschmecken.

Pro Portion: 7 g E, 20 g Kh, 29 g F

Dazu passt: *ein einfaches norddeutsches Tatar von Matjes und Äpfeln. 3 Matjesfilets gründlich waschen, in kleine Würfel schneiden. 1 Apfel schälen, vierteln, entkernen und würfeln, zum Matjes geben. Mit Zitronensaft, Pfeffer und gehackter Petersilie verfeinern. Wer mag, nimmt noch klein gehackte Schalotten. Dazu geröstetes Schwarzbrot reichen.*

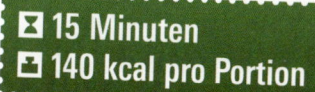
■ 15 Minuten
■ 140 kcal pro Portion

Für 4 Portionen:
150 g Rucola
Salatsauce
2 TL Honig
1 Prise Salz
Pfeffer, frisch gemahlen
1–2 EL Balsamessig
1 EL Nussöl (z. B. Walnussöl)
außerdem
80 g vollfetter Pecorino-Käse
25 g Walnusskerne, grob gehackt

Rucola-Salat mit Pecorino

1. Die Rucolablätter abbrausen, trockenschwenken. Dickere Stengel entfernen, größere Blätter eventuell halbieren.

2. Honig, etwas Salz und Pfeffer, Balsamessig und Nussöl verrühren.

3. Die Rucolablätter mit der Salatsauce mischen. Zum Servieren den Pecorino grob reiben oder mit einem Käsehobel fein hobeln und über den Salat verteilen. Mit den Walnüssen bestreuen.

Pro Portion: 8 g E, 3 g Kh, 10 g F

Tipp: *Salatsaucen immer gut abschmecken; nachträgliches Würzen macht den Salat durch zusätzliches Umrühren unansehnlich.*

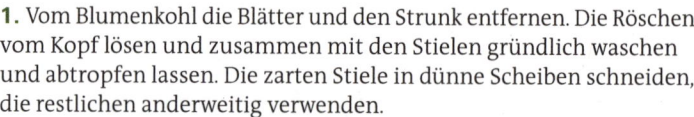

Blumenkohlsalat

Für 4 Portionen:

1 kleiner Blumenkohl, etwa 300 g

Salz

2 Orangen

Salatsauce

125 g Joghurt, 3,5 % Fett

Saft von ½ Zitrone

1 kleines Stück Ingwerknolle, fein gerieben

2 EL Pflanzenöl

zum Garnieren

20 g Pistazien, gehackt

1. Vom Blumenkohl die Blätter und den Strunk entfernen. Die Röschen vom Kopf lösen und zusammen mit den Stielen gründlich waschen und abtropfen lassen. Die zarten Stiele in dünne Scheiben schneiden, die restlichen anderweitig verwenden.

2. Die Orangen großzügig schälen, sodass auch die weiße Haut entfernt wird. Die Orangenspalten zwischen den Trennwänden mit einem scharfen Messer herausschneiden, klein schneiden und zu den Blumenkohlröschen geben.

3. Für die Salatsauce Joghurt, Zitronensaft, Ingwer, Salz und Öl verrühren und über die Salatzutaten geben. Vorsichtig mischen.

4. Zum Servieren den Salat mit gehackten Pistazien bestreut anrichten.

Pro Portion: 4 g E, 11 g Kh, 9 g F

Tipps: *Wer mag, lässt die Trennhäutchen (Zellulose) an den Orangenfilets – das sind Ballaststoffe.*

Statt mit frischer Ingwerknolle kann auch mit 1 Messerspitze Ingwerpulver, mit Ingwerkonfitüre oder kandiertem eingelegtem Ingwer (fein gewürfelt) gewürzt werden.

Eine Alternative zu gehackten Pistazien sind leicht geröstete Mandelblättchen, Kürbis- oder Sonnenblumenkerne oder Kokosraspeln.

Paprika-Salat

Für 4 Portionen:

1 große rote Paprikaschote

20 g schwarze, entkernte Oliven

1 feste Banane (200 g)

2 EL Zitronensaft

Salz, Pfeffer (frisch gemahlen)

2 EL Pflanzenöl

1. Die Paprikaschote waschen, trockentupfen und vierteln. Den Stengelansatz, die weißen Kerne und Trennwände entfernen. Die Paprikaschotenviertel in sehr dünne Streifen schneiden oder hobeln, die Oliven in dünne Scheiben schneiden.

2. Die Banane schälen, eventuell längs halbieren, dann in ½ cm dicke Scheiben schneiden.

3. Für die Marinade Zitronensaft, Salz und Pfeffer in einer Schüssel verrühren, das Öl zugeben und mit den Salatzutaten mischen.

Pro Portion: 1 g E, 14 g Kh, 6 g F,

Variante: *Statt Olivenscheiben die Blätter von einem Stiel frischer Minze abzupfen, klein schneiden und mit einem Esslöffel Schmant oder Crème fraîche vermischt in die Marinade rühren.*

⏳ 20 Minuten
🔥 246 kcal pro Portion

Avocadosalat

Für 4 Portionen:

3 Orangen

1 große Avocado

4–5 mittelgroße Rucolablätter

160 g Mozzarella

Salatsauce

½ TL Essig

Salz

1 TL Pflanzenöl

Pfeffer, grob gemahlen

1. Zwei Orangen schälen, dabei die weiße Haut entfernen. Die Früchte quer zu den Segmenten in Scheiben schneiden und diese halbieren. Die dritte Orange halbieren und den Saft auspressen.

2. Die Avocado halbieren, den Stein entfernen und die Fruchthälften mit einem Sparschäler dünn schälen. Die Schnittflächen mit einigen Tropfen Orangensaft beträufeln. Die Avocadohälften in Scheiben schneiden.

3. Rucolablätter abbrausen und trockenschwenken. Größere Blätter klein zupfen. Die Blätter beiseite stellen.

4. Den Mozzarella in dünne Scheiben schneiden und mit den anderen Zutaten schuppenförmig auf einem großen Teller zu einem Kreis anordnen.

5. Für die Salatsauce Orangensaft, Essig, Salz und Öl verrühren und über die Salatzutaten träufeln.

6. Zum Anrichten mit Pfeffer bestreuen und mit den Salatblättern garnieren.

Pro Portion: 9 g E, 8 g Kh, 18 g F

Tipps: *Anstelle von Rucola kann auch Radicchio oder Lollo-Rosso-Salat verwendet werden.*

Statt mildem Mozzarella können Sie auch würzigen, geraspelten Pecorino-Käse verwenden.

⟷ 20 Minuten
⊡ 290 kcal pro Portion

Bunter Obstsalat mit Nüssen

Für 4 Portionen:

200 ml Apfelsaft, naturtrüb

200 ml Orangensaft

½ Limette (oder Zitrone)

2 Birnen

2 Äpfel

1 Kiwi

etwa 20 kernlose Weintrauben

10 Physalis

150 g Nüsse gehackt oder ganz
(wie Walnüsse, Cashewnüsse,
Mandeln, Sonnenblumenkerne)

75 g getrocknete Cranberries

1 TL Zucker

1. Den Apfel- und Orangensaft mit dem Saft der halben Limette vermischen. Die Äpfel und Birnen waschen, vierteln, entkernen und in dünne Scheiben schneiden. Sofort in die Saftmischung geben, so behält das Obst seine Farbe. Die Kiwi schälen, vierteln, in dünne Scheiben schneiden. Mit den Weintrauben und den Physalis – evtl. halbiert – zum restlichen Obst geben.

2. Für den Cranberry-Nuss-Mix können Sie Nüsse gehackt kaufen – oder selbst zerkleinern (siehe Schritt 3). Die Nüsse vor dem Servieren zusammen mit den Cranberries über den Obstsalat streuen.

3. Noch besser schmeckt's, wenn Sie die ganzen Nüsse in einer Pfanne ohne Fett bei mäßiger Hitze rösten, bis sie anfangen zu duften und leicht Farbe annehmen. Den Zucker dazugeben, ganz leicht schmelzen, dabei karamellisieren die Nüsse. Auf einem Brett mit Backpapier abkühlen lassen und zerbröseln: Dazu eine Lage Backpapier über die Nüsse legen und mit einem Topfboden oder einer Teigrolle fest, aber vorsichtig drücken.

Pro Portion: 1 g E, 36 g Kh, 16 g F

☒ 20 Minuten
☐ 154 kcal pro Portion

Traubensalat

1. Trauben mit warmem Wasser waschen und vorsichtig trocken tupfen, dann längs halbieren. Datteln halbieren, entkernen, in sehr feine Streifen schneiden.

2. Walnusskerne in einer Pfanne ohne Fett leicht anrösten, dann grob hacken und mit den Trauben vermengen.

3. Aus Zitronensaft, Grappa und dem ausgekratzten Mark der Vanilleschote eine Marinade rühren, über die Trauben und Nüsse geben.

Pro Portion: 2 g E, 27 g Kh, 3 g F

Info: *Der weiße tauähnliche Film auf frischen Weinbeeren kommt nicht von Spritzmitteln. Er ist ein natürlicher Schutzfilm, der die Früchte vor vorzeitigem Verderb bewahrt. Dennoch sind konventionelle Trauben – anders als Bio-Trauben – oft mit Pflanzenschutzmitteln belastet, das zeigen unsere Untersuchungen. Durch gründliches Abspülen mit warmem Wasser und anschließendes Trockentupfen können Sie aber zumindest außen anhaftende Pestizide entfernen.*

Für 4 Portionen:

500 g rote und grüne Trauben (kernlos)

100 g frische oder 60 g getrocknete Datteln

30 g Walnusskerne

1–2 EL Zitronensaft

1–2 EL Grappa (ersatzweise Traubensaft)

1 Vanilleschote (ersatzweise Vanillezucker)

Endiviensalat mit Speck

1. Endiviensalat putzen, längs halbieren und gründlich waschen. Dann auf einem Brett fein nudelig schneiden. Zwiebel schälen, halbieren und fein hacken.

2. Speck fein in Streifen schneiden und im Rapsöl langsam knusprig ausbraten, ohne dass er zu dunkel wird. Die Zwiebelwürfel darin glasig dünsten. Mit Gemüsebrühe und Essig ablöschen und würzen. Die Kartoffel pellen und ins Dressing drücken.

3. Alles miteinander vermischen und abschmecken.

Pro Portion: 5 g E, 5 g Kh, 10 g F

Tipp: *Endiviensalat ist oft herb und hat kräftige, feste Blätter. Die Kartoffel und das lauwarme Dressing machen den Salat milder und weicher. Wer mag, kann die Kartoffelmenge erhöhen und einen Kartoffel-Endivien-Salat daraus machen.*

Für 4 Portionen:

1 Endiviensalat (ca. 450 g)

1 Zwiebel

50 g Frühstücksspeck

3 EL Rapsöl

3 EL Weinessig

100 ml Gemüsebrühe

Salz, Pfeffer

1–2 frische Pellkartoffeln (ca. 100 g)

Zitrus-Fenchel-Salat mit Oregano

Für 4 Portionen:

1 Zitrone

1 Orange

1 große frische Knoblauchzehe

Salz, Pfeffer, Chilipulver

1 große pralle Fenchelknolle

3 EL Olivenöl

1–2 TL getrockneter Oregano

1. Zitrone und Orange mit einem kleinen, scharfen Messer so weit herunterschälen, dass auch die weißen Schalenteile entfernt sind. Dann die Filets einzeln über einer Salatschüssel an dem weißen Häutchen entlang herausschneiden, das jeweilige Filet mit der Messerschneide hinausschieben und mit dem abtropfenden Saft in die Schüssel geben.

2. Die Knoblauchzehe häuten und gepresst in die Salatschüssel zu den Filets geben, ebenso Salz, Pfeffer und eventuell noch etwas Chilipulver.

3. Die Fenchelknolle außen wenn nötig mit dem Sparschäler von trockenen Teilen befreien, dann der Länge nach halbieren, den Strunk teilweise herausschneiden. Die halbe Knolle längs in feine Spalten schneiden oder quer zur Faser in dünne Scheiben. Ebenfalls in die Salatschüssel geben.

4. Alles gut vermischen, einige Minuten durchziehen lassen, dann das Olivenöl unterrühren. Zum Schluss getrockneten Oregano zwischen den Handflächen über den Salat reiben.

Pro Portion: 2 g E, 9 g Kh, 8 g F

Selleriesalat mit Walnüssen

1. Stangensellerie waschen und in dünne Streifen schneiden. Den halben Apfel schälen, entkernen, fein würfeln und mit dem Sellerie in eine Schüssel geben. Alles mit etwas Zitronensaft beträufeln. Den Tomino-Käse würfeln und zusammen mit der Petersilie in die Schüssel geben.

2. Walnüsse hacken. Die eine Hälfte unter den Salat heben. Aus dem Öl und dem restlichen Saft der halben Zitrone ein Dressing rühren, die restlichen Walnüsse dazugeben und mit Salz und Pfeffer abschmecken. Über den Salat geben, ordentlich untermischen und nochmals abschmecken. Hierzu schmeckt frisches Schwarzbrot besonders gut.

Für 2 Portionen:
100 g Stangensellerie
½ Apfel (vorzugsweise Granny Smith)
½ Zitrone
100 g Tomino-Käse
1 EL glatte Petersilie, gehackt
30 g Walnüsse
2–4 EL Olivenöl
Salz, Pfeffer

Pro Portion: 18 g E, 8 g Kh; 21 g F

⏱ 35 Minuten
🔥 190 kcal pro Portion

Für 4 Portionen:

500 g Erbsenschoten

200 g Zuckerschoten
(junge Zuckererbsen)

250 g grüner Spargel

Salz

1 mittelgroßer Apfel
(z. B. Boskop)

Salatmarinade

2–3 EL Kräuteressig

1 Prise Zucker

1 TL grüne Pfefferkörner,
grob zerdrückt

2–3 EL Pflanzenöl

außerdem

Eiswürfel

4–6 Blätter Römersalat
(Kochsalat)

40 g Schmant oder
Crème fraîche

4 Stiele Zitronenmelisse oder
2 Stiele frische Minze

Erbsensalat mit Spargel

1. Erbsen aus den Schoten auslösen, waschen, abtropfen lassen. Die Zuckerschoten ebenfalls waschen und trockentupfen. Von den Zuckerschoten jeweils die Enden abschneiden.

2. Den Spargel abspülen, trockentupfen, die unteren Enden abschneiden. Die Stiele schräg in etwa 3 cm lange Stücke schneiden.

3. Erbsen, Zuckerschoten und Spargelstücke in leicht gesalzenem, kochendem Wasser etwa ½ Minute ziehen lassen; dann mit einem Schaumlöffel herausnehmen und kurz in einer Schüssel mit Eiswasser abschrecken.

4. Den Apfel abspülen, trockentupfen und vierteln. Das Kerngehäuse entfernen und die Apfelstücke in feine Streifen oder Scheiben schneiden. Alle Salatzutaten in einer Schüssel mischen.

5. Für die Salatsauce Kräuteressig, Zucker, Salz, zerdrückte grüne Pfefferkörner und Öl verrühren und mit den Salatzutaten mischen.

6. Römersalatblätter und die Kräuter kurz abbrausen und trockenschleudern. Salatblätter in mundgerechte Stücke teilen und vier Teller damit auslegen. Die Salatzutaten darauf anrichten, obenauf einen Klecks Schmant oder Crème fraîche setzen und mit Zitronenmelisse oder frischen Minzeblättern garnieren.

Pro Portion: 7 g E, 16 g Kh, 9 g F

Tipp: *Die mundgerechten Römersalatblätter können auch mit den Zuckerschoten, Erbsen und dem grünen Spargel gemischt werden.*

REGISTER

Stiftung Warentest

IMPRESSUM

© 2013 Stiftung Warentest, Berlin

Stiftung Warentest
Lützowplatz 11–13
10785 Berlin
Telefon 0 30 / 26 31–0
Fax 0 30 / 26 31–25 25
www.test.de
email@stiftung-warentest.de

USt.-IdNr.: DE136725570

Vorstand: Hubertus Primus
Weiteres Mitglied der Geschäftsleitung:
Dr. Holger Brackemann (Bereichsleiter Untersuchungen)

Programmleitung: Niclas Dewitz

Die Rezepte stammen aus den folgenden Titeln der Stiftung Warentest:
Karin Iden: „Das neue Kochbuch durchs Jahr"; Vera Herbst, Dagmar von Cramm: „Gut essen bei erhöhtem Cholesterin"; Martina Meuth, Bernd Neuner-Duttenhofer: „Kochwerkstatt"; TB & The BBQ-Scouts: „Sehr gut grillen"; Vera Kaftan-Namyslowski, Dorothee Soehlke-Lennert: „Sehr gut kochen"; Christian Soehlke, Dorothee Soehlke-Lennert: „Sehr gut mediterran kochen"; Christian Wrenkh: „Sehr gut vegetarisch kochen"; Lena Elster, Thomas Askan Vierich: „Sehr schnell kochen"; Dagmar von Cramm: „Von Markt & Metzger"; Lena Elster, Dorothee Soehlke-Lennert: „Yummy Mami".

Projektleitung: Friederike Krickel
Mitarbeit: Veronika Schuster
Zusätzliche Nährwertberechnungen:
Astrid Büscher, Hamburg
Gestaltung, Art Direction, Layout: Axel Raidt, Berlin
Bildnachweis: Nicole Fortin, Berlin (18, 21, 40, 73, 78, 88, 111, 120, 121, 123, 134, 135, 137, 140, 143, 145, 147, 157); Knut Koops, Berlin (3, 19, 22, 30, 31, 47, 51, 52, 55, 56, 61, 68, 72, 79, 81, 87, 92, 102, 108, 113, 115, 118, 125, 136, 139, 153, 154); Martina Meuth (43, 130); Peter Schulte, Hamburg (2, 3, 9, 10, 13, 14, 17, 23, 25, 29, 32, 33, 35, 46, 50, 57, 59, 69, 91, 95, 101, 104, 110, 115, 117, 122, 126, 133, 145, 148, 151, 152); Philipp Horak, Wien (36, 39, 44, 48); Gianni Plescia, Berlin (26, 77, 80, 83, 85, 96, 105, 109, 114, 149); Ulrike Holsten, Hamburg (2, 3, 5, 7, 11, 27, 62, 63, 64, 65, 66, 74, 90, 94, 106, 127, 128, 129); fotolia (71, 82, 155); iStock (16, 38, 41, 45, 89, 99, 142).

Produktion: Vera Göring
Verlagsherstellung: Rita Brosius (Ltg.), Susanne Beeh
Druck: Grafisches Centrum Cuno GmbH & Co. KG, Calbe

ISBN: 978-3-86851-060-7